Postures & techniques du yoga

Swami Saradananda

LAROUSSE

21 rue du Montparnasse 75283 Paris Cedex 06

Direction de la publication
Isabelle Jeuge-Maynart

Coordination éditoriale
Thierry Olivaux

Traduction
Catherine Sobecki

Relecture-correction et mise en pages
Belle Page, Boulogne

Adaptation graphique
Cynthia Savage

Couverture
Véronique Laporte

Fabrication
Annie Botrel

Pour l'édition originale :

Titre original : *Yoga*
Première publication en anglais par Hodder Education,
338 Euston Road, London, NW1 3BH.

ISBN : 978-2-03-584366-1

Avertissement
Malgré tout le soin apporté à cet ouvrage, une erreur a pu s'y glisser. Ni l'auteur ni l'éditeur ne sauraient être tenus responsables de ses conséquences ou d'une interprétation erronée.
Quand vous faites une posture de yoga, soyez toujours à l'écoute de votre corps. Pratiquez sans forcer en vous aidant du souffle pour, peu à peu, accentuer chaque mouvement – qui doit rester agréable.
Demandez toujours conseil au préalable à un médecin ou un thérapeute qualifié, en cas de problème, avant d'envisager de pratiquer. Celui-ci vous dira si le yoga est adapté pour vous et pourra contre-indiquer certaines postures.

Dédicace

Je dédie ce livre au Dr Song Xuan Ke
pour sa gentillesse et ses encouragements.

Préface

Le yoga est-il fait pour vous ?

Le yoga convient à tout le monde. Vous pouvez pratiquer quels que soient votre âge, votre sexe ou votre condition physique. Quand vous pratiquerez régulièrement, vous ne tarderez pas à constater que le yoga stimule vos capacités intellectuelles, augmente votre efficacité au travail, diminue votre stress et libère votre esprit, ce qui vous rend plus à même de profiter de votre temps libre.

Le yoga enrichit la vie à tout âge. Il existe désormais des cours spécialisés pour les enfants, les jeunes adultes, les femmes enceintes, les seniors, y compris les septuagénaires et au-delà.

Le yoga apporte des techniques qui permettent d'évacuer le stress et de rester en forme lorsqu'on mène une vie peu active.

Ce livre se veut une introduction générale au yoga. Il vous aidera à débuter et à progresser. Vous pouvez faire de grands progrès seul, mais il est souvent souhaitable de pratiquer sous la surveillance d'un professeur qualifié qui corrigera vos erreurs et sera une source d'inspiration. Ce professeur doit connaître l'anatomie et la physiologie du corps humain, mais il doit en outre transmettre le fruit de son expérience personnelle. Par ailleurs, vous aurez sans doute intérêt à consulter votre médecin traitant ou un thérapeute compétent avant de vous lancer.

Le yoga n'est pas une théorie, mais un art de vivre pratique. Dès que vous commencerez à pratiquer, vous en sentirez les bienfaits.

Tous mes vœux pour votre évolution dans cette « voie » !

Swami Saradananda

1 Introduction

Dans ce chapitre vous apprendrez :

- **la philosophie du yoga;**
- **les principales voies afin de choisir celle qui vous convient le mieux;**
- **les bienfaits du yoga.**

La philosophie et les buts du yoga

Le yoga est une manière de considérer la vie comme un tout. Apparu en Inde il y a plusieurs milliers d'années, le yoga est désormais populaire en Occident car il permet d'éliminer le stress et les tensions dus au rythme frénétique de la vie moderne.

Le yoga prend en compte chaque aspect du corps et de l'esprit et apporte, de ce fait, des techniques visant à unifier toutes les facettes de l'être. C'est, à la fois, l'expérience de la complétude et la pratique qui permet d'y parvenir. Le yoga est cet apprentissage ainsi que les outils pour dépasser les obstacles qui se mettent en travers de votre progression. C'est également un état d'esprit imperturbable en toutes circonstances.

La pratique du yoga permet de revenir à soi, de redécouvrir sa nature profonde, de s'aimer et de comprendre que l'on n'est pas séparé du Tout. Le terme yoga peut être traduit par « union », le yogi étant celui qui est unifié.

Le yoga est une discipline personnelle fondée sur les idéaux « d'une vie simple et d'une pensée élevée ». Il s'agit d'entraîner, encore et encore, son corps et son esprit, et de travailler sur ses émotions pour, grâce à une pratique régulière, gagner en force intérieure et en détermination. On peut ainsi parvenir à ressentir une liberté absolue, le but du yoga étant de libérer de toute souffrance. Le yoga est un système pratique ouvert à tous, que l'on soit croyant ou non, en recherche spirituelle ou simplement désireux de se faire du bien. Par nature universel, le yoga apporte une conscience accrue.

L'[esprit] égal dans le succès et l'insuccès, l'équanimité, voilà ce qu'on appelle la discipline.

Bhagavad-Gita, chant II, verset 48

[...] cette discipline qui est habile maîtrise dans le domaine de l'action.

Bhagavad-Gita, chant II, verset 50

Cette dissolution de l'union à la souffrance, il faut savoir que c'est là ce qu'on appelle « union yogique ».

Bhagavad-Gita, chant VI, verset 23

Yogas citta vritti nirodhah

Le yoga est la cessation des agitations du mental.

Yoga-Sutras de Patanjali, chapitre I, verset 2

Les principales voies du yoga. Quelle est celle qui vous convient ?

Nous avons chacun une personnalité propre si bien que notre conception de la vie et la manière dont nous préférons faire les choses diffèrent. C'est pour cette raison que le yoga a peu à peu évolué en de multiples voies.

Le karma-yoga

Le karma-yoga est la voie de l'action et du dévouement. Le but est de purifier le mental et le cœur par des actes désintéressés. Le pratiquant engagé dans cette voie agit avec une sorte de dévotion. Cette forme de yoga implique de consacrer son travail et son esprit à l'essence divine. Si vous êtes d'un tempérament extraverti, si vous êtes actif et énergique, ce sera pour vous la voie spirituelle par excellence. Gandhi, Nelson Mandela et Martin Luther King sont des exemples célèbres de karma yogis. Se porter volontaire pour servir des repas à des sans-abri ou faire la lecture à des personnes âgées isolées sont une forme de service altruiste. Des parties de la *Bhagavad-Gita*, un ancien texte yogique, évoquent les principes du karma-yoga. Ce type de yoga peut être résumé par ces mots du gourou Swami Sivananda : « Service, amour, don, purification, méditation et réalisation. »

Le bhakti-yoga

Le bhakti-yoga implique la dévotion et un amour désintéressé. C'est la voie du cœur. En utilisant des techniques de chant, de danse, la répétition de **mantras** (énergie par le son) et la prière, on s'efforce de canaliser ses émotions en sentiments de dévotion. Quand vous pratiquez la bhakti, vous cherchez à voir le divin partout et en toutes choses.

Si vous êtes d'une nature plus émotionnelle, vous pouvez être attiré par la voie de la bhakti. Jésus, mère Teresa et les adeptes de Hara Krishna sont des exemples de bhakti yogis. La bhakti serait en outre la voie yogique la plus sûre, la plus facile et rapide pour pratiquer à notre époque. Elle convient à n'importe qui à n'importe quel moment. Les textes anciens qui s'y réfèrent sont notamment le *Srimad Bhagavatam* et les *Aphorismes sur la bhakti* [*Bhaktisutra*] de Narada.

Le jnana-yoga

Le jnana-yoga est une approche philosophique (le terme sanskrit *jnana* signifie « connaissance, sagesse »). Le jnana-yoga serait la voie yogique la plus difficile, car il demande beaucoup de volonté, d'énergie, de lucidité et d'intelligence. Ce serait la voie la plus directe mais aussi la plus austère. Le jnana enseigne en effet qu'il faut renoncer au monde, qui est irréel et illusoire. Ses techniques comportent l'étude des Upanishad, des textes anciens, en écoutant un maître qui en explique le sens, en réfléchissant sur leur contenu, en discutant des textes avec d'autres personnes. Le but est de découvrir sa véritable identité en parvenant à l'unité avec le Tout. Jiddu Krishnamurthi, Ramana Maharishi, des docteurs de la cabale, des prêtres jésuites et des moines bénédictins sont autant d'érudits doués d'un grand esprit d'analyse qui ont suivi la voie du jnana-yoga.

Le raja-yoga

Le raja-yoga est l'approche scientifique, psychologique. Ce yoga qui vise à contrôler son mental, son monde intérieur, est souvent qualifié de yoga « classique ». Le terme sanskrit *raja* signifie « roi ». La pratique de cette voie royale vise à vous rendre maître de votre mental. Patanjali énumère dans les *Yoga-Sutras*, un traité considéré comme le texte de référence de ce yoga, huit membres :

- **yama** ou votre relation éthique avec la société ;
- **niyama** ou votre relation morale avec vous-même ;
- **asana** ou une posture ferme, stable ;
- **pranayama** ou le contrôle de votre énergie vitale ;
- **pratyahara** ou l'écoute intérieure par la maîtrise des sens ;
- **dharana** ou la maîtrise de votre mental par la concentration ;
- **dhyana** ou la méditation ;
- **samadhi** ou l'état d'union avec l'Absolu, la conscience cosmique par la connaissance véritable de la réalité.

Bien évidemment, il ne vous est pas demandé de pratiquer dans cet ordre. Il ne s'agit pas d'une méthode étape par étape. Les yamas comprennent la non-violence, la véracité, l'honnêteté, la continence et la non-convoitise. Les niyamas sont la pureté, le contentement, l'austérité, l'étude de soi et la dévotion au divin. Ils seront décrits de manière plus détaillée au chapitre 5.

Si vous êtes introverti et attiré par la méditation, le raja-yoga est la voie qui vous convient. Bien des membres d'ordres religieux ou de communautés spirituelles se consacrent à la méditation. Mais pour le pratiquer, il n'est pas nécessaire d'entrer dans un ashram ou un monastère.

Le hatha-yoga

Le hatha-yoga est aujourd'hui la forme de yoga la plus populaire en Occident. Il donne des outils pour renforcer et purifier le corps physique, ce véhicule de notre âme.

Hatha-yoga : des techniques ancestrales pour un mode de vie moderne

Même si bien des personnes ont tendance à confondre le hatha-yoga avec les asanas, qui ne sont que des exercices physiques, le but est identique à celui des autres formes de yoga : parvenir à la **paix intérieure**. Une bonne santé, un corps souple et un stress contenu sont les effets secondaires, hautement bénéfiques, de la pratique du hatha-yoga.

Les deux techniques principales du hatha-yoga sont la pratique des asanas et celle du pranayama (ou contrôle du souffle). Elles seront d'autant plus efficaces si vous essayez par ailleurs de vivre conformément aux règles éthiques et morales du yoga, et de méditer. Le hatha-yoga part du corps physique. En parvenant à le contrôler, vous commencez également à maîtriser votre énergie vitale (**prana**). Vous apprenez à apaiser votre mental, à vous mettre en phase avec l'Infini.

Les techniques du hatha-yoga renforcent le corps physique, ce qui permet au mental de surmonter tous les obstacles afin d'acquérir la paix intérieure et la sérénité. Vous contribuez à purifier votre corps, à raffermir votre mental et à orienter positivement vos émotions. Cela vous procure de la vitalité, de la force et du courage tout en vous aidant à rejeter toute attitude destructrice et pensée négative.

Le hatha-yoga purifie le corps et le prépare à la concentration, à la méditation et, enfin, à l'union avec l'Absolu (samadhi). Dans un texte ancien, le *Hatha-Yoga Pradipika*, le sage Swami Svatmarama parle des asanas comme d'une manière pour amener peu à peu le mental dans un état contemplatif. Les autres écrits qui font référence au hatha-yoga comprennent notamment la *Gheranda Samhita* et la *Shiva Samhita*.

Il existe de nombreuses écoles de hatha-yoga, chacune ayant ses spécificités. Par exemple, certaines mettent l'accent sur le mouvement tandis que d'autres privilégient la rectitude. Les styles varient en fonction de l'importance donnée aux asanas, aux exercices de pranayama, à la méditation et à la relaxation.

Le hatha-yoga permet d'ouvrir les **chakras** (centres énergétiques) du corps et réveille cette énergie spirituelle considérable appelée **kundalini**, ce qui équilibre l'énergie solaire *ha* (analogue au yang) et l'énergie lunaire *tha* (analogue au yin). Si vous envisagez de vous mettre au hatha-yoga pour améliorer votre santé (acquérir plus de souplesse, dormir mieux, atténuer d'éventuelles douleurs, être plus détendu et moins stressé), vous ne serez pas déçu – à condition de pratiquer régulièrement.

Les huit membres du hatha-yoga

1) Purification extérieure et intérieure, à savoir :

- les **yamas** ou votre relation éthique avec la société ;
- les **niyamas** ou votre relation morale avec vous-même ;
- les **kriyas** ou des exercices physiques de purification.

2) **Asanas**, à savoir des postures, des exercices physiques.
3) **Mudras** ou « sceaux » pour canaliser l'énergie dans des directions données et **bandhas** ou « verrous » pour retenir cette énergie par des contractions musculaires.
4) **Pranayama**, à savoir des exercices de respiration afin de contrôler l'énergie vitale, le souffle (*prana*).
5) **Pratyahara** ou l'apaisement mental par le recueillement intérieur en maîtrisant les sens.
6) **Dharana** ou la maîtrise du mental par la concentration.
7) Méditation sur les **chakras**, à savoir l'apaisement du mental en se concentrant sur les centres énergétiques du corps.
8) **Samadhi** ou un état supérieur de conscience par l'expérience de l'unité absolue.

Améliorez votre qualité de vie grâce au hatha-yoga

Dans la philosophie du hatha-yoga, le corps est le véhicule de l'âme. Or votre véhicule corporel fonctionne mieux s'il est pur, fort et en bonne santé. Les techniques de yoga visent à maintenir chacun au mieux de sa forme physique et psychique.

On pourrait définir la santé comme un état positif dont on fait l'expérience quand tous les organes du corps fonctionnent au mieux de leur capacité sous le contrôle intelligent de l'esprit. L'un des bienfaits les plus considérables du yoga est d'aider à développer une conscience accrue de la santé et du bien-être physiques. Grâce à la pratique, vous serez capable de pressentir un problème de santé et de comprendre ce que vous devez faire pour le prévenir.

Les bienfaits du hatha-yoga

Bienfaits physiques

Le yoga fait beaucoup travailler le dos, si bien que vous en ressentirez rapidement tous les bénéfices sur votre colonne vertébrale. En effet, des exercices effectués en douceur assouplissent les articulations, à commencer par les articulations intervertébrales. En outre, les asanas étirent les muscles et évacuent les tensions. Elles stimulent la lubrification des ligaments et des tendons tout en effectuant un massage des organes internes. La pratique physique et la méditation aident à développer un meilleur contrôle des muscles et un rééquilibrage du corps. Le hatha-yoga agit sur tout le corps, d'une manière interdépendante, ce qui procure un état d'harmonie intérieure.

Détoxification et amélioration de la circulation sanguine

En étirant doucement les muscles et les articulations tout en massant les organes internes, le yoga permet au sang de mieux circuler dans toutes les parties du corps. Il améliore en outre le fonctionnement du système lymphatique et élimine les toxines. Une meilleure circulation apporte plus de nutriments et d'oxygène à toutes les cellules de l'organisme. Par ailleurs, de plus en plus d'études tendent à démontrer que la pratique régulière du yoga retarderait le vieillissement, augmenterait l'énergie et procurerait un remarquable enthousiasme pour la vie.

Arthrose et raideurs

Les exercices lents et doux du yoga apportent un soulagement bienvenu aux articulations douloureuses. Les étirements pratiqués sans forcer, en respirant profondément pour s'aider du souffle, atténuent sensiblement les tensions musculaires qui mettent à mal les articulations. Pour bien des personnes, le yoga et la méditation constituent une panacée contre l'arthrose et la raideur du corps.

Maladie chronique comme l'asthme ou le diabète

Toute personne qui souffre d'une maladie chronique est désemparée. Le yoga donne la force de regarder calmement et objectivement la situation. En effet, malgré les conséquences négatives d'une maladie, il y a souvent quelque enseignement positif à en tirer.

Bien des maladies chroniques semblent liées au stress. Or le yoga permet justement d'atténuer l'anxiété et le stress. Avec une pratique régulière, vous apprendrez à contrôler votre énergie et à la diriger là où elle est le plus utile pour soulager un problème chronique. Vous constaterez probablement une nette amélioration de vos troubles du sommeil, tout comme une augmentation de votre énergie et de votre résistance. Si vous êtes asthmatique, la pratique du yoga vous aidera à être plus calme et détendu, et moins sujet à des crises. Les exercices de respiration vous seront très bénéfiques.

Stress

Quand vous vous épuisez, mentalement et physiquement, vous perdez en efficacité. Grâce à la pratique du yoga, vos mouvements seront moins brusques, ce qui limitera les contractions musculaires. Par ailleurs, les exercices de respiration développeront votre capacité à contrôler d'éventuels troubles de l'humeur et vous aideront à rester calme même dans les situations les plus stressantes.

Perte de poids et troubles du comportement alimentaire

Les asanas ne permettent pas de brûler beaucoup de calories, mais vous constaterez probablement que la pratique régulière du yoga est efficace pour contrôler votre poids. En effet, les asanas stimulent la production hormonale, notamment de la glande thyroïde, ce qui réveille un métabolisme fonctionnant au ralenti. Plusieurs asanas, comme la chandelle et le poisson, sont particulièrement bénéfiques à la glande thyroïde. En outre, le yoga contribue à atténuer l'anxiété et donne une meilleure prise de conscience de son corps. De ce fait, l'anxiété diminue tout comme la boulimie ou tout autre trouble du comportement alimentaire.

Bien des obsessions vis-à-vis d'aliments et bien des troubles du comportement alimentaire résultent de l'incapacité à assimiler de l'énergie d'une manière saine. La pratique du yoga permet de stimuler le prana (l'énergie vitale), ce qui aboutit à une meilleure image de soi, à une confiance accrue et à un « besoin » en énergie moindre.

Bienfaits psychologiques

La pratique régulière du yoga aide à avoir les idées claires, à être plus serein. Vous êtes davantage conscient de votre corps, moins stressé, mieux à même de vous concentrer et de soutenir votre attention. Toute léthargie ou torpeur mentale disparaît, tout comme les éventuels problèmes d'insomnie ou de dépression. Peu à peu, vous retrouvez votre assurance et un profond équilibre intérieur.

Bien des pratiques comportent des techniques de visualisation et incitent à adopter une attitude positive envers la vie. Le yoga, qui détend le corps et apaise, aide à être plus ouvert à toutes les expériences qui s'offrent à soi.

Concentration et efficacité

Quand votre mental est agité, vous perdez une énergie psychique précieuse. Le yoga développe votre capacité de concentration et puise dans vos ressources mentales, qui sont grandes. Comme vous avez plus de facilité à vous concentrer, votre efficacité s'améliore elle aussi.

Bien-être

Le yoga est source de bien-être, cet état que l'on éprouve lorsque l'on est positif face à n'importe quelle situation ou personne. C'est une attitude dynamique et constructive qui incite à tout considérer sous un nouvel éclairage et procure de la sérénité et une joie intérieure.

Être bien signifie vivre pleinement le moment présent en étant en paix, ici et maintenant, même si l'on cherche à changer sa vie. Il n'est pas question d'oublier le passé, mais juste de ne plus être hanté par lui. Sachez aussi tirer parti de vos erreurs pour aller de l'avant.

Apaisement du mental

Quand vous regardez un lac, moins il y a de vagues et de tourbillons et plus l'eau est limpide. Le yoga est un apaisement du mental, des vagues intérieures et des tourbillons de l'agitation. Il apporte un profond sentiment de paix intérieure. Tandis que vos pensées se calment, votre mental s'installe dans un silence serein.

Vitalité

Au bout d'un certain temps, vous constaterez probablement les effets positifs de la pratique du yoga sur votre niveau général d'énergie. Les postures (asanas) et les exercices de respiration (pranayama) tonifient mentalement et physiquement.

Bienfaits spirituels

Au fur et à mesure que vos capacités mentales et physiques se développent, votre mental devient plus concentré et plus puissant. À moins d'une discipline et d'une intégrité spirituelle inébranlables, ces nouvelles potentialités de votre mental risquent de mettre en travers de votre chemin de redoutables distractions négatives. Un mental puissant, s'il est démuni de sens éthique et moral, affecte souvent les autres d'une manière négative.

Les sages d'autrefois avaient conscience que ce pouvoir corrompt. C'est pourquoi leur enseignement comportait des instructions visant à purifier le mental et la motivation des pratiquants. C'est ce qu'on appelle les observances morales universelles (yamas) et les disciplines personnelles (niyamas) : pratiquer avec honnêteté et non-violence, sans voler ni convoiter le bien d'autrui, en s'efforçant de contrôler son énergie, de purifier son mental et son environnement, d'être en paix et d'étudier.

L'évolution spirituelle qui accompagne le yoga va de pair avec le besoin d'un comportement éthique. Les yamas et les niyamas constituent le fondement du yoga. Quiconque pratique ces valeurs constatera que son comportement et ses pensées commencent à changer.

Les yamas et les niyamas ne sont pas des règles sévères, mais plutôt une description des potentialités de l'être humain. Elles offrent une manière de vivre avec une conscience, une intégrité et une joie de vivre accrues.

Le bonheur est le but véritable du yoga

Vous pensez peut-être que votre bonheur tient à des faits extérieurs à vous, à des biens matériels que vous avez acquis ou à un objectif que vous avez atteint. En pratiquant le yoga, vous comprendrez peu à peu que votre bonheur résulte en fait de votre capacité à avoir un mental apaisé et libre.

Le bonheur est en vous. Il se peut que vous n'en soyez pas convaincu et que vous continuiez à chercher le bonheur là où il n'est pas. Cependant, vous devriez finir, au bout de plusieurs années de vaine quête, par commencer à chercher en vous. Le yoga vous apportera des techniques pour vous y aider.

Parabole yogique : à la recherche du bonheur

Un homme voit sa vieille voisine dans son jardin. Elle est de toute évidence affolée et cherche quelque chose. Quand il lui propose de l'aider, cette vieille dame lui explique qu'elle a fait tomber ses lunettes chez elle.

Perplexe, l'homme lui demande : « Pourquoi cherchez-vous dehors ? »

« Il fait sombre chez moi, répond-elle, c'est pourquoi je cherche à la lumière du jour. »

Le yoga est une voie qui mène à la paix et au bonheur. C'est un moyen de parvenir, par une évolution intérieure, à une transformation personnelle.

2

Commencer la pratique

Dans ce chapitre vous apprendrez :

- comment commencer la pratique du yoga;
- quand et à quelle fréquence pratiquer;
- où pratiquer et avec qui;
- le matériel nécessaire;
- les règles de prudence à respecter pour ne pas se faire mal.

Quelques grammes de pratique valent une tonne de théorie.

Swami Sivananda

Le yoga est une aventure, celle de la découverte de soi, et le meilleur moment pour vous embarquer dans ce voyage intérieur, c'est maintenant !

La pratique de base comporte des exercices effectués lentement et sans forcer, une respiration rythmique amplifiée, une relaxation profonde, une concentration mentale et une pensée positive avec une attitude méditative. Mettre en pratique, au quotidien, les connaissances théoriques de ce livre sera une expérience agréable et gratifiante.

N'attendez pas que toutes les conditions soient réunies pour débuter car, sinon, vous aurez toujours une bonne raison pour reporter à plus tard. Tout ce dont vous avez besoin, c'est d'un moment de tranquillité que vous consacrerez à la pratique. Avant tout, déterminez le temps dont vous pouvez disposer. Réservez un moment où vous n'êtes pas pris par d'autres occupations. Si vous avez de jeunes enfants, l'heure de leur sieste est idéale. Retirez les casseroles du feu et débranchez le téléphone.

Commencez par choisir, parmi les pratiques de l'annexe 1, celle qui vous convient. Ces propositions pour planifier une séance ne sont que des suggestions. Vous pouvez très bien préférer un autre programme. Parfois, vous aurez plutôt envie de sauter certaines asanas pour en effectuer d'autres. Cependant, ne cédez pas à la tentation de ne faire que les postures qui vous plaisent. Bien sûr, vous prendrez du plaisir à effectuer celles pour lesquelles vous êtes à l'aise, mais vous avez intérêt à travailler plus celles qui vous posent problème. En effet, l'un des buts du yoga est d'amener à un état d'équilibre physique et psychique.

Vous pouvez choisir de pratiquer un enchaînement jusqu'à en maîtriser toutes les postures ou, sinon, suivre vos envies. Quand vous êtes particulièrement en forme, adoptez un programme plus intensif. À d'autres moments, quand vous serez fatigué ou particulièrement raide, vous aurez plutôt envie d'un programme plus basique. L'essentiel est d'effectuer plusieurs asanas de chaque section. N'oubliez pas que les étirements et leurs contre-postures sont tous deux très importants. Ne renoncez pas à des postures vers l'arrière parce que vous vous sentez trop raide. En revanche, les postures inversées sont contre-indiquées pour les femmes ayant leurs règles.

Lorsque vous aurez choisi un programme, lisez attentivement la description des asanas que vous comptez réaliser. Au bout de quelques séances, ce sera devenu inutile car vous serez familiarisé avec ces postures.

Allongez-vous confortablement sur le sol, en plaquant bien le dos, et détendez-vous avant de commencer la pratique. Cette phase vous permettra de vider votre mental. Utilisez ce moment de relaxation pour vous préparer à pratiquer avec enthousiasme, l'esprit libre de toute pensée parasite.

Quand vous vous sentirez centré sur vous-même, le corps et le mental complètement détendus, étirez bien tout le corps. Vous pourrez ensuite vous asseoir et commencer la séance. Débutez par un ou plusieurs exercices de pranayama avant de passer aux asanas. Terminez par une relaxation complète.

Vous remarquerez sans doute que vous êtes plus raide d'un côté que de l'autre. Il faudra accorder une attention accrue à cette partie de votre corps. Vous avez intérêt à pratiquer d'abord du côté le plus raide, puis du côté le plus souple pour revenir à la partie la moins souple afin d'intensifier la posture. Faites des étirements et leurs contre-postures, que ce soit vers l'avant, vers l'arrière ou sur les côtés.

Transpirer est bénéfique. Cela nettoie les pores de la peau et facilite la détoxification du corps. Les anciens textes yogiques conseillent, après avoir transpiré, d'éliminer la sueur en frottant le corps pour créer une puissante énergie magnétique. Ne filez pas sous la douche immédiatement après une pratique. L'idéal serait d'attendre au moins une demi-heure.

Le yoga est bien plus qu'une simple séance d'entraînement. C'est une pratique spirituelle conçue pour aider à trouver la paix dans tous les aspects de la vie.

Les instructions étape par étape de ce livre vous permettront de bien débuter. Cependant, lire un ouvrage de yoga est comme parcourir un livre de cuisine. Tant que vous n'avez pas essayé les recettes, vous ne pouvez pas les savourer. Commencez donc dès à présent et pratiquez régulièrement !

Quand et à quelle fréquence ?

Vous pouvez faire du yoga à n'importe quel moment de la journée dès lors que votre dernier repas remonte à plusieurs heures. Vous remarquerez probablement que votre corps est plus raide le matin, parce que vous avez été couché toute la nuit. Vous pouvez justement préférer pratiquer à ce moment, car cela vous aidera à vous assouplir. Vous sortirez de la séance détendu, débordant d'énergie et les idées claires, ce qui vous aidera à bien commencer la journée.

Rien ne vous empêche de préférer pratiquer l'après-midi ou le soir, d'autant que ce sera peut-être votre unique moment de libre. Vous constaterez qu'en fin de journée votre corps est plus souple. En outre, une séance après une journée de travail est idéale pour se détendre.

Pour résumer, pratiquez quand cela vous convient. L'idéal est de le faire régulièrement. Si vous pouvez y consacrer une demi-heure par jour, vous constaterez des progrès rapides. S'il vous est impossible de pratiquer tous les jours, essayez au moins de le faire un jour sur deux.

Bien des débutants trouvent que cela les aide de suivre un cours de yoga une ou deux fois par semaine. Mais, même dans ce cas, il n'en est pas moins important de pratiquer régulièrement seul. Si vous choisissez de ne pas vous inscrire à un cours (ou s'il n'y en a aucun qui vous convienne), essayez de faire une séance plus longue au moins une fois par semaine.

Pratiquez à raison d'une demi-heure par jour en essayant de trouver une heure de libre au moins une fois par semaine.

Il vaut mieux faire un peu de yoga régulièrement que beaucoup en de rares occasions.

Où et avec qui ?

Le yoga ne nécessite aucun investissement particulier. C'est une méthode idéale pour faire travailler son corps seul. Si vous pratiquez sans forcer, en faisant attention à vos mouvements, vous ne devriez pas vous faire mal.

Tout ce dont vous avez besoin, c'est d'une surface plane et dégagée – et de motivation.

Si vous pratiquez chez vous, choisissez une pièce bien aérée et chauffée, correctement ventilée mais sans courant d'air.

Quand il fait beau, vous pouvez très bien vous exercer dehors. L'idéal est d'avoir un jardin avec une pelouse plane. Vous pouvez également vous installer dans un parc, mais il faudra alors trouver un endroit un peu isolé où vous ne serez pas dérangé.

Si vous lisez ce livre, c'est sans doute parce que vous avez décidé de pratiquer, au moins en partie, seul. Cependant, il sera plus facile de respecter des horaires réguliers si vous faites du yoga avec un(e) ou plusieurs ami(e)s. Convenez d'une date et choisissez une heure et un lieu pour vous exercer régulièrement. La compagnie de personnes désireuses, comme vous, de pratiquer vous aidera à vous y tenir. Elles vous donneront du courage les jours où vous ne serez pas en forme et cela vous stimulera pour rester concentré.

Même si vous avez l'intention de pratiquer seul, il ne faut pas oublier que le meilleur livre du monde ne peut pas remplacer un professeur qui pourra voir vos erreurs et les corriger. Vous pouvez par exemple croire que vous vous tenez bien droit alors que ce n'est pas le cas. Il est donc souhaitable, au moins au début, de participer à quelques cours. Suivre un stage de plusieurs jours est aussi une excellente entrée en matière. Vous pouvez enfin poser un grand miroir contre un mur afin de vérifier votre posture.

Qui peut faire du yoga ?

N'importe qui peut tirer profit d'une pratique régulière qui tendra à contrer bien des effets négatifs de la vie moderne. Quels que soient votre âge ou votre condition physique, le yoga vous sera bénéfique.

Si vous êtes un adulte d'âge moyen et que vous travaillez derrière un bureau, les asanas soulageront les tensions physiques dues aux nombreuses heures où vous restez assis. Les exercices de respiration, qui favorisent l'oxygénation du cerveau, améliorent la vitalité tandis que la méditation stimule la capacité de concentration. Une pratique régulière relaxe, physiquement et mentalement, tout en augmentant l'intuition et la créativité.

Si vous pratiquez avec vos enfants, eux aussi en retireront beaucoup de bienfaits. Outre que le yoga est amusant, il développera leur sens de l'autodiscipline tout en accroissant leur bien-être physique et mental. À notre époque où tout va si vite, les enfants perdent la faculté de se concentrer et de se détendre. Stimulés à l'excès par la télévision, les jeux vidéo et des repas déséquilibrés pris à la va-vite, les enfants perdent rapidement leur vitalité et leur créativité. Le yoga leur procure des outils attrayants à explorer et renforce leur corps tout comme leur esprit.

Pour des adolescents, le yoga peut contribuer à préserver, dans tous les sens du terme, leur souplesse naturelle. Si vous avez vous-même des jeunes de cet âge, encouragez-les à pratiquer, car le yoga leur apportera une force intérieure qui leur permettra de résister aux influences négatives autour d'eux. Il les aidera également à dire non quand cela s'impose.

Le yoga est accessible à tous, jeunes ou moins jeunes. Si vous êtes senior, les exercices en douceur du yoga sont parfaitement adaptés à vous. Ils vous aideront à rester souple et soulageront nombre de problèmes comme l'arthrose et la raideur articulaire. Ils stimulent en outre la digestion et la circulation sanguine, en particulier au niveau des mains et des pieds. Le yoga permet enfin de se détendre et procure un sommeil réparateur.

Si vous êtes enceinte, le yoga vous aidera à rester en parfaite santé et fera également du bien à l'enfant que vous portez. Les asanas atténuent les effets de nombreux problèmes, à commencer par la prise de poids, les douleurs au dos et la dépression. Si vous pratiquez durant votre grossesse, vous constaterez probablement que cela facilitera et accélérera l'accouchement. Bien des asanas devront être adaptées à votre état, mais ces postures sont idéales en cette période de conscience de soi accrue. La grossesse est en outre particulièrement propice à la méditation.

Il n'est pas nécessaire d'être mince ou souple pour faire du yoga. Quels que soient votre condition physique et votre mental, vous pourrez toujours partir d'un programme que vous adapterez au fur et à mesure de vos progrès.

Si vous êtes un fervent amateur de sport, le yoga vous permettra d'améliorer vos capacités physiques et mentales. Bien des sports augmentent la force musculaire et la résistance, mais seulement en des parties spécifiques du corps. Le yoga vous aidera à rééquilibrer votre musculature et permettra à votre corps et à votre mental de fonctionner plus efficacement. Aujourd'hui, de nombreux athlètes professionnels font du yoga et bien des équipes sportives ont désormais leur propre professeur de yoga.

Quel matériel faut-il ?

Si vous pratiquez en plein air, assurez-vous que le sol est sec et dépourvu de cailloux. Si c'est dans une pièce, trouvez un endroit où vous aurez suffisamment de place pour vous allonger sur le dos en étirant les bras derrière la tête.

Pratiquez sur une surface non glissante. Un tapis de yoga est un bon investissement, mais ce n'est pas un achat obligatoire. Une couverture repliée fera également l'affaire, même si elle aura un peu tendance à glisser.

Une tenue de yoga coûteuse est inutile. Prévoyez des vêtements confortables, de préférence en coton ou dans une autre fibre naturelle. Plus votre peau pourra respirer et mieux ce sera. L'essentiel est que vos vêtements vous autorisent une grande liberté de mouvement. Évitez donc ceux qui serrent à la taille, à commencer par les jeans. L'idéal serait un caleçon, un pantalon de gymnastique ou un short. Par ailleurs, vous devez avoir les pieds nus. Laissez vos chaussures et vos chaussettes à l'extérieur de la pièce ou loin de l'endroit où vous pratiquez.

Retirez votre montre et vos bijoux ainsi que, si possible, vos lunettes ou vos lentilles. Si vous avez les cheveux longs, attachez-les. Prévoyez un pull ou un sweat-shirt au cas où vous ayez froid et une couverture légère pour la relaxation.

Si vous êtes un peu raide, vous aurez peut-être besoin de coussins, d'une sangle (ou d'une longue paire de chaussettes) et/ou de coussins spécifiques, en mousse. Pour apprendre à utiliser correctement ces derniers, il vaut mieux demander conseil à un professeur de yoga qui vous aidera à adapter la pratique à vos besoins. En règle générale, il convient de placer un coussin sous la nuque si le haut du dos est sensible et un sous les genoux si vous avez mal aux lombaires ou si vous êtes enceinte.

Les règles de prudence à respecter pour ne pas se faire mal

Ne pratiquez pas à proximité de meubles qui risqueraient de tomber.

Bougez lentement et sans forcer. Si vous avez mal quelque part, arrêtez immédiatement, faites plusieurs respirations profondes et reprenez. La douleur est un signal que vous envoie votre corps pour indiquer que quelque chose ne vous convient pas. Cependant, ne laissez pas la peur d'avoir mal vous empêcher de pratiquer en douceur. Pensez à toujours bien étirer le corps, surtout avant de vous pencher.

Si vous attendez un enfant, consultez un ouvrage de yoga pour femmes enceintes ou suivez les cours d'un professeur spécialisé.

Demandez l'avis d'un médecin en cas de problème de santé ou si vous avez le moindre doute sur le bien-fondé de cette pratique dans votre cas. N'oubliez pas que le yoga ne doit pas être considéré comme un traitement pour un problème médical.

3

Les asanas ou postures de yoga

Dans ce chapitre vous apprendrez :

- **différentes postures de yoga appelées asanas;**
- **la manière d'effectuer chaque asana;**
- **le temps requis pour rester dans chaque posture;**
- **les bienfaits des asanas.**

La posture (asana) sera stable et agréable. Pour cela, il suffit de se relâcher et de s'absorber dans l'Infini.

Yoga-Sutras de Patanjali, chapitre II, versets 46-47

En Occident, les asanas sont la pratique la plus populaire et la plus connue du yoga. Si une amie vous dit qu'elle va à un cours de yoga, elle entend probablement par là qu'elle s'apprête à faire un peu d'exercice physique.

Il ne faudrait cependant pas confondre les asanas avec les autres types d'activité physique. Le but n'est pas ici de développer ses muscles par des mouvements répétitifs, car il s'agit avant tout de faire preuve d'une attention pleine et entière. Pour le yoga, le corps est le véhicule de l'âme dans son voyage vers la perfection. Les asanas débutent donc par le corps physique, mais une pratique régulière développe les capacités mentales, élargit la conscience et suscite une aspiration spirituelle. Une bonne santé et un corps souple sont certes une conséquence enviable, mais le but véritable du yoga est autre : parvenir à la paix intérieure.

Les asanas reposent sur des mouvements effectués lentement, sans tension ni effort, conformément à l'un des principes fondamentaux du yoga, celui de la non-violence (**ahimsa**), qui vise à ne nuire à aucun être vivant en pensée, en parole ou en acte. Il n'est donc pas question d'un quelconque esprit de compétition ni d'une pratique trop rigoureuse ou d'un jugement de soi. Lors d'une posture, ne forcez jamais et ne cherchez pas à vous conformer à un modèle idéal.

Afin de maîtriser les asanas, il vaut mieux faire preuve de constance et prendre son temps. En effet, des mouvements rapides risquent d'aboutir à la production d'acide lactique dans les muscles. Vous seriez alors épuisé, le corps endolori. Augmenter les apports en oxygène dans vos cellules permet en revanche de neutraliser cet acide lactique. C'est l'une des raisons pour lesquelles on demande d'effectuer les postures en s'aidant d'une respiration profonde, la bouche toujours fermée. Chaque asana effectue une pression sur des points précis, de manière analogue à l'acupuncture ou au shiatsu. En tenant une posture tout en veillant à la profondeur et à l'amplitude du souffle, on se concentre sur les tensions existantes, au lieu de laisser divaguer son esprit, ce qui permet de les évacuer. On apprend peu à peu à contrôler son corps grâce à son mental.

Après avoir effectué des asanas, contrairement à la plupart des activités physiques où l'on dépense beaucoup d'énergie, on se sent revigoré et en forme parce que les postures ont permis d'éliminer les tensions musculaires. Avec de la pratique, les asanas aident à libérer les blocages énergétiques. L'énergie, qui stagnait jusque-là, circule à nouveau librement dans le corps.

Les asanas agissent sur tous les aspects du corps, et pas seulement sur les muscles et les articulations. Elles massent les organes internes, stimulent la circulation sanguine et améliorent la capacité respiratoire. En outre, elles rendent l'esprit stable, concentré et prêt à méditer.

Asana est un terme sanskrit qui se traduit par « posture, position du corps ». Le terme implique plus qu'un simple exercice physique. Il s'agit d'être pleinement présent, ici et maintenant, le corps étant parfaitement stable.

Si vous suivez des cours de yoga, vous constaterez qu'il existe deux directions possibles pour commencer la pratique des asanas. Selon certaines traditions, on part du haut du corps pour descendre peu à peu vers le bas tandis que, selon d'autres traditions, c'est l'inverse. Si vous pensez que les asanas sont des exercices purement physiques, vous n'y verrez aucune différence. Cependant, dès que vous comprendrez les bienfaits des asanas sur vos énergies subtiles, vous réaliserez que la partie du corps par où l'on commence à travailler est très importante.

Si vous commencez par des postures debout, vous stimulez d'abord les chakras inférieurs (voir p. 150). Vous vous ancrez au sol avant de travailler le haut du corps. Vous terminez alors par des postures inversées, comme la chandelle ou le poirier, qui agissent sur les centres énergétiques supérieurs. Une telle pratique prépare à un travail abstrait ou à la méditation.

En revanche, si vous partez d'inversions avant d'aller vers le bas du corps pour finir par des postures debout, cela procure un état de stabilité propice pour agir activement. C'est à vous de décider, en fonction de ce que vous attendez de la pratique, si vous préférez commencer par le haut ou le bas du corps. Nous vous proposons ces deux types d'approche dans l'annexe 1.

Conseils généraux pour la pratique d'asanas

- Commencez par relâcher vos muscles avant de les échauffer.
- Avant de réaliser une asana, assurez-vous que vous en comprenez la théorie.
- Étirez le corps dans une direction, puis dans l'autre.
- N'essayez pas de retenir ou de préserver votre énergie. Soyez généreux avec vous-même. N'oubliez pas que plus vous y mettrez d'énergie et plus vous serez récompensé en retour.
- Travaillez selon vos possibilités, à partir de votre expérience et de votre condition physique, sans vous comparer à qui que ce soit. Le yoga est dépourvu d'esprit de compétition.
- Effectuez chaque posture lentement, sans tension ni effort. Ne brusquez rien. Cherchez à être pleinement conscient de chaque mouvement.
- Au début, effectuez chaque asana pendant un temps assez court. Vous allongerez peu à peu la durée de chaque posture.
- Allez légèrement au-delà de vos possibilités, mais sans jamais ressentir de douleur.
- Respirez profondément pendant chaque posture, la bouche fermée.
- Aidez-vous du souffle pour vous détendre dans chaque posture. Expirez à partir du ventre pour bien vider les poumons. Inspirez lentement afin de remplir toute la cage thoracique. On inspire pour ouvrir, aller vers l'extérieur ou le haut et amplifier un mouvement, tandis que l'on expire pour fermer, aller vers l'intérieur ou le bas et se détendre.
- Quand vous restez en statique, vérifiez mentalement votre corps. Si vous constatez la moindre tension, aidez-vous du souffle pour la faire disparaître.
- Terminez chaque séance par de la relaxation, qui stimule la circulation de l'énergie dans tout le corps.
- Appréciez pleinement la pratique !

Échauffement

Le Soleil et la Lune

Quand vous commencerez la pratique des asanas, n'oubliez pas que le hatha-yoga vise à unifier (le terme yoga peut se traduire par « union, discipline »). C'est donc l'union symbolique du Soleil et de la Lune, les deux forces opposées dans la nature. Il s'agit d'associer les principes mâle et femelle qui sont présents en chacun de nous. Dans un contexte chinois, cela s'exprime par le yin et le yang. Dans la tradition indienne, cela fait référence à Shiva et à Shakti. Effectuer des asanas permet d'unifier le corps et l'esprit, ce qui est précieux dans notre monde actuel si fragmenté.

Si vous êtes raide, en particulier si vous pratiquez en début de journée, vous aurez envie de réveiller au préalable votre corps. Debout les bras ballants, relâchez-les jusqu'au bout des doigts et secouez les mains à partir des poignets. Mobilisez ensuite les bras et les jambes. Faites rouler les épaules vers l'avant puis vers l'arrière.

Les étirements du cou

Vous pouvez travailler debout ou assis.

1) Vers l'avant et l'arrière. Rentrez le plus possible le menton contre la poitrine, puis creusez la nuque pour étirer la tête vers l'arrière en essayant de toucher le dos. Répétez 3 ou 4 fois dans chaque direction, puis ramenez la tête dans l'axe de la colonne.

2) Vers les côtés. Étirez bien la tête vers la gauche en essayant de toucher l'épaule avec l'oreille. Ne tournez pas le cou et gardez les épaules abaissées. Étirez ensuite la tête vers la droite. Répétez 3 ou 4 fois de part et d'autre, puis ramenez la tête dans l'axe de la colonne.

3) Sur les côtés. Sans bouger les épaules, tournez la tête vers la droite comme pour regarder derrière vous. Faites de même vers la gauche. Répétez 3 ou 4 fois de part et d'autre, puis ramenez la tête dans l'axe de la colonne.

Vous êtes à présent d'attaque pour commencer la pratique.

Il existe plusieurs variantes de salutation au Soleil. Celle qui est proposée ici est l'une des plus simples et des plus connues. L'enchaînement peut varier d'une école à une autre.

La salutation au Soleil

La sagesse traditionnelle selon laquelle « on a l'âge de sa colonne » illustre parfaitement les bienfaits de cet excellent échauffement en 12 temps. La salutation au Soleil étire la colonne vers l'avant et vers l'arrière tout en assouplissant les membres. Chaque position est liée à votre respiration et contribue à harmoniser cette dernière pendant tout le reste de la journée. Si vous débutez et trouvez qu'il y a trop de choses à mémoriser, commencez par apprendre les positions du corps. Une fois familiarisé avec l'enchaînement, essayez de coordonner les mouvements avec le souffle afin d'en tirer le maximum de bénéfices. Appréciez la fluidité de ces mouvements !

La salutation au Soleil est très efficace pour focaliser son esprit et le préparer à une séance d'asanas ainsi qu'à la journée qui débute. Traditionnellement, c'est la première chose que l'on fait le matin, si possible face au soleil ou, sinon, vers l'est.

Quand l'effectuer : au début d'une pratique d'asanas. Les jours où vous êtes peu disponible, essayez de faire au moins 6 salutations au Soleil, même si vous n'avez pas le temps pour autre chose.

Bienfaits de la salutation au Soleil

- Cet excellent échauffement étire tout le corps et prépare, mentalement et physiquement, à la pratique d'asanas.
- Cette salutation mobilise la colonne dans toutes les directions.
- Elle améliore la capacité respiratoire et aide à focaliser son esprit.
- Elle stimule le chakra (centre énergétique) du plexus solaire.
- La respiration lente, rythmique renforce le système cardio-vasculaire.
- Les débutants, les personnes âgées ou celles dont les articulations sont raides constateront une amélioration rapide de leur souplesse, à condition de la pratiquer régulièrement.

Comment effectuer la salutation au Soleil

Tenez-vous bien droit en tadasana (voir p. 38). Les pieds sont joints et les bras détendus le long du corps. Respirez profondément, la bouche fermée, et préparez-vous mentalement.

1) Sur un expir, joignez les paumes l'une contre l'autre devant le sternum en geste classique de salutation en Inde (namaste). Vous recentrez ainsi le corps et l'esprit (figure 1.1).

(Namaste, et ses variantes namaskar, namaskaara ou namaskaram, est l'une des 5 formes traditionnelles pour se saluer mentionnées dans les *Veda*. Ce geste permet de rendre hommage ou de montrer son respect à l'autre et, dans la pratique actuelle, est utilisé pour se dire bonjour au lieu de se serrer la main ou de s'embrasser comme on le fait en Occident.)

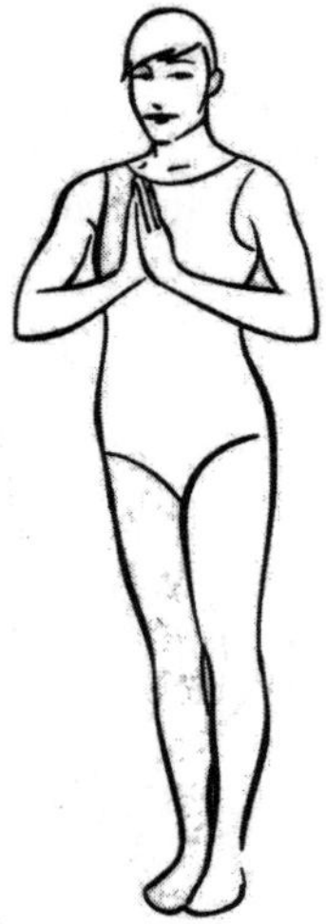

figure 1.1

2) Sur un inspir, levez les bras tendus vers le haut, de part et d'autre de la tête. Les paumes sont dirigées l'une vers l'autre. Cambrez le dos pour bien étirer les bras vers l'arrière en gardant les genoux et les coudes tendus. Vous étirez ainsi tout le corps, des doigts aux talons (figure 1.2).

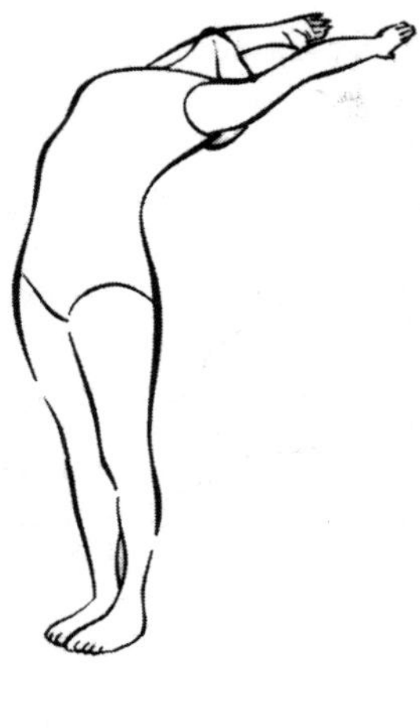

figure 1.2

3) Sur un expir, penchez-vous vers l'avant. Posez les mains au sol, de part et d'autre des pieds. Amenez la tête vers les genoux. Si vous n'arrivez pas à toucher le sol, pliez un peu les genoux jusqu'à y parvenir (figure 1.3).

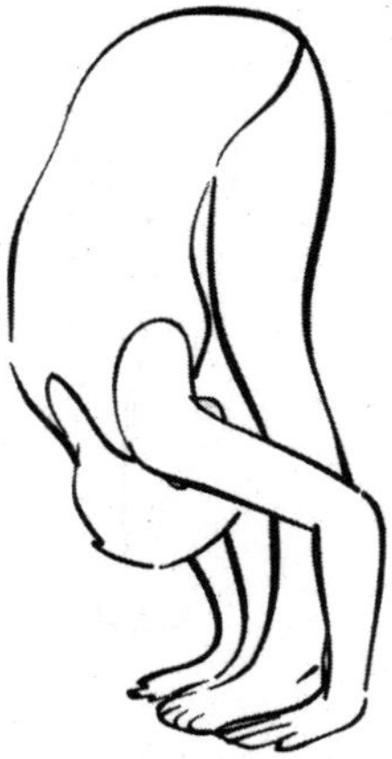

figure 1.3

4) Sur un inspir, allongez la jambe droite le plus loin possible derrière vous. Pliez les deux genoux et posez le genou de la jambe arrière au sol. Regardez devant vous en tirant le menton vers le haut tout en gardant les mains posées de part et d'autre du pied gauche (figure 1.4).

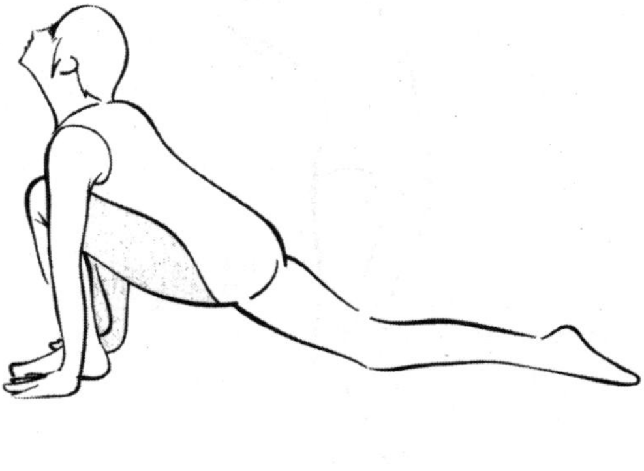

figure 1.4

5) En retenant votre souffle, amenez le pied gauche contre le pied droit, les orteils repliés. Tendez les genoux et poussez sur les mains pour tendre également les bras afin de soulever le corps, qui forme alors une droite, de la tête aux talons (figure 1.5).

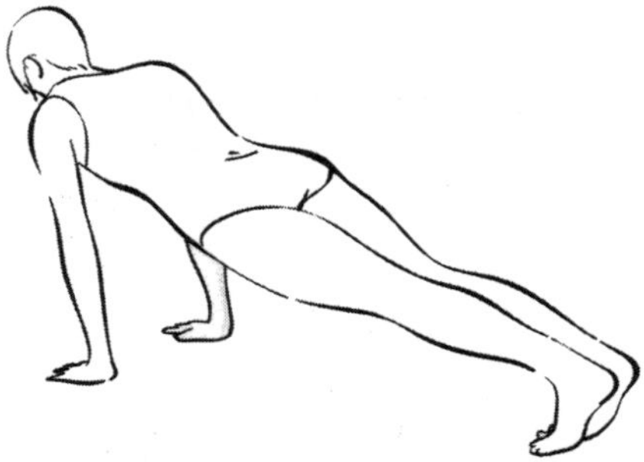

figure 1.5

6) Sur un expir, pliez les genoux pour les poser au sol. Gardez le bassin levé et posez la poitrine contre le sol, entre les mains. Posez le menton (ou, si vous êtes plus souple, le front) au sol (figure 1.6).

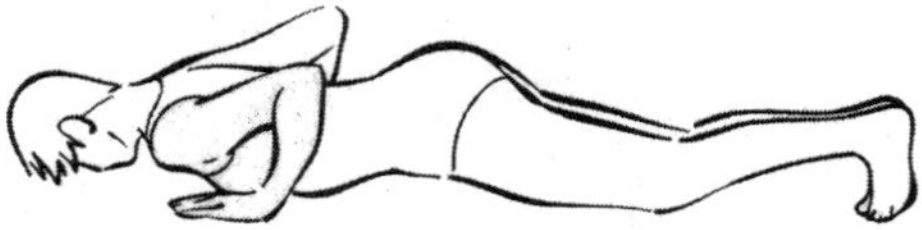

figure 1.6

7) Sur un inspir, sans bouger les mains ni les pieds, redressez le buste en cambrant le dos. Regardez devant vous en tirant le menton vers le haut. C'est la posture du cobra, qui constitue en soi une asana (voir p. 69). Le bas du corps est plaqué au sol à partir de la taille, tout comme les paumes. Les coudes sont légèrement pliés et dirigés vers l'intérieur. Les épaules sont détendues et abaissées (figure 1.7).

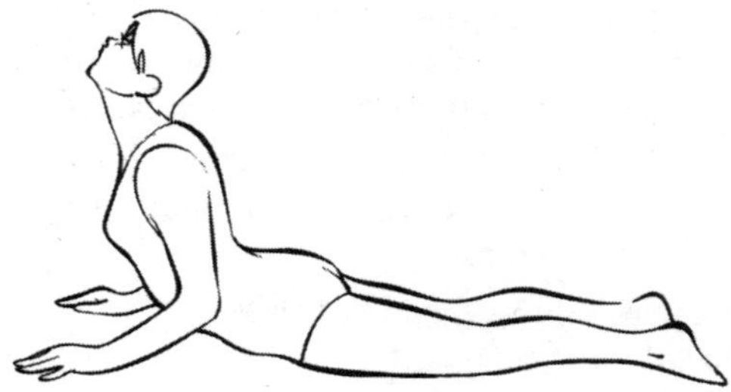

figure 1.7

8) Ramenez la plante des pieds au sol et, sur un expir, levez le plus possible le bassin sans bouger les mains ni les pieds. Tendez les bras et laissez pendre la tête entre les bras. Le dos droit, amenez la poitrine le plus près possible des cuisses en gardant les talons plaqués au sol (figure 1.8). Cette posture du chien museau vers le sol est, en soi, une autre asana(voir p. 36).

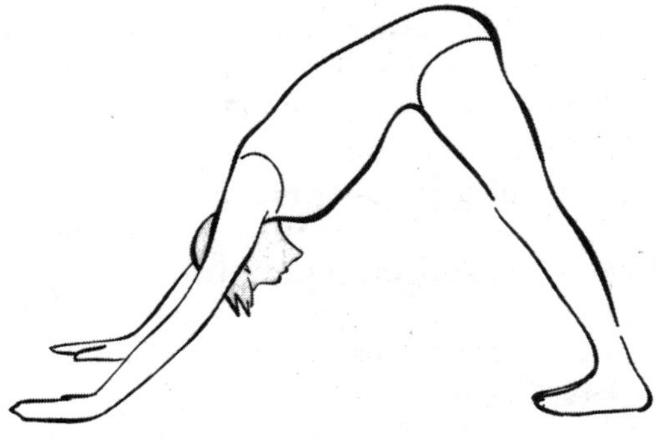

figure 1.8

9) Sur un inspir, posez le genou gauche au sol et amenez le pied droit entre les mains. Regardez devant vous en tirant le menton vers le haut sans décoller les mains du sol (voir figure 1.4).

10) Amenez le pied gauche contre le pied droit. Sur un expir, levez le bassin vers le haut et amenez la tête vers les genoux sans décoller les mains du sol (voir figure 1.3).

11) Sur un inspir, redressez lentement le buste, le dos droit, en étirant les bras devant vous jusqu'à les amener au-dessus de la tête. Cambrez le dos pour étirer les bras vers l'arrière comme au point 2 (voir figure 1.2).

12) Sur un expir, ramenez les bras le long du corps par les côtés pour revenir en tadasana.

Dans cette première salutation au Soleil, c'est la jambe droite qui recule. Pour la salutation suivante, ce sera la jambe gauche.

Nombre de fois/Durée : commencez par faire 6 salutations au Soleil par jour jusqu'à, peu à peu, arriver à 12.

Remarque : faites toujours un nombre pair de salutations afin d'étirer autant chaque côté.

Mise en garde : si vous êtes enceinte, il ne faut pas tendre les bras au-dessus de la tête ni comprimer le ventre contre le sol. Un professeur de yoga spécialisé sera mieux à même de vous l'enseigner.

La salutation à la Lune

La salutation à la Lune équilibre l'énergie dynamisante du Soleil, procurant un effet apaisant bénéfique que l'on associe généralement au divin féminin. Cet échauffement en 16 temps est conseillé l'après-midi ou en fin de journée. Alors que la salutation au Soleil repose sur des étirements verticaux de la colonne, vers l'avant et vers l'arrière, la salutation à la Lune concerne un plan plus horizontal et profond.

Quand l'effectuer : au début d'une pratique d'asanas.

Bienfaits de la salutation à la Lune

- La fluidité de ses mouvements apaise le système nerveux.
- Cette salutation apporte dans votre vie de l'équilibre sur le plan physique, psychologique et spirituel.
- Elle est particulièrement bénéfique aux femmes qui pratiquent durant leurs règles, une grossesse ou la ménopause.
- Les mouvements accroupis aident à se sentir plus stable.
- Toutes les parties du corps, même celles qui sont rarement sollicitées, sont étirées et tonifiées.

Comment effectuer la salutation à la Lune

Tenez-vous bien droit, le poids du corps harmonieusement réparti sur tous les points d'appui des pieds. Relâchez les bras le long du corps. Faites plusieurs respirations profondes pour vous préparer mentalement.

1) Sur un inspir, levez les bras tendus par les côtés pour les amener au-dessus de la tête. Les paumes plaquées l'une contre l'autre, croisez les doigts puis libérez les index pour qu'ils pointent vers le ciel. Les coudes sont tendus et les bras à l'arrière des oreilles. Étirez tout le corps vers le ciel en gardant le menton levé, loin de la poitrine (figure 2.1).

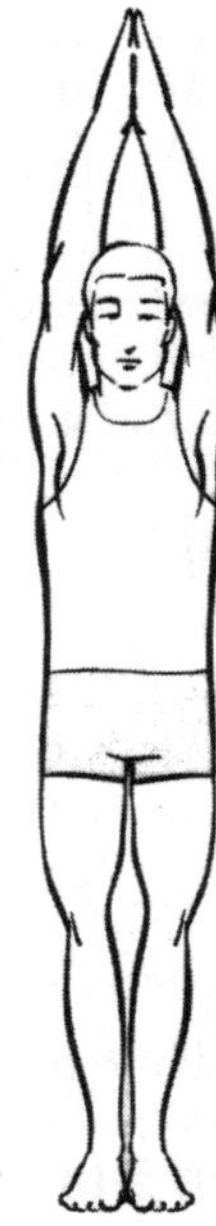

figure 2.1 la salutation à la Lune

2) **Demi-lune vers la droite :** le regard fixant un point devant vous, étirez le corps vers le ciel. Sur un expir, sans relâcher la tension ni tourner le corps, penchez-vous vers la droite en poussant la hanche gauche vers l'extérieur. Le poids du corps est bien réparti sur les deux pieds et le menton loin de la poitrine. Sur un inspir, revenez au centre (figure 2.2).

Demi-lune vers la gauche : sur un expir, penchez-vous vers la gauche. Sur un inspir, revenez au centre.

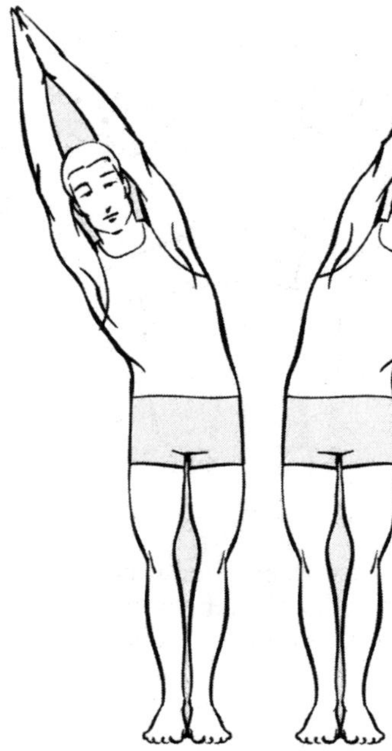

figure 2.2

3) **Posture de Kali :** les bras toujours au-dessus de la tête, écartez les pieds de 60 cm (plus que la largeur des hanches) et tournez les pieds à 45° vers l'extérieur. Pliez les genoux et descendez le plus bas possible en gardant le dos droit, sans rentrer les genoux vers l'intérieur (ils sont en aplomb des pieds). Basculez le bassin vers l'avant et, en pliant les coudes, descendez les bras dans l'axe du corps (ni devant, ni derrière les épaules). Les doigts sont orientés vers le ciel et les paumes des mains de part et d'autre de la tête (figure 2.3).

figure 2.3

4) **Étoile de mer :** tendez les genoux et ramenez les pieds parallèles vers l'avant. Tendez les coudes et étirez les bras, paumes vers le sol, des épaules au bout des doigts (figure 2.4).

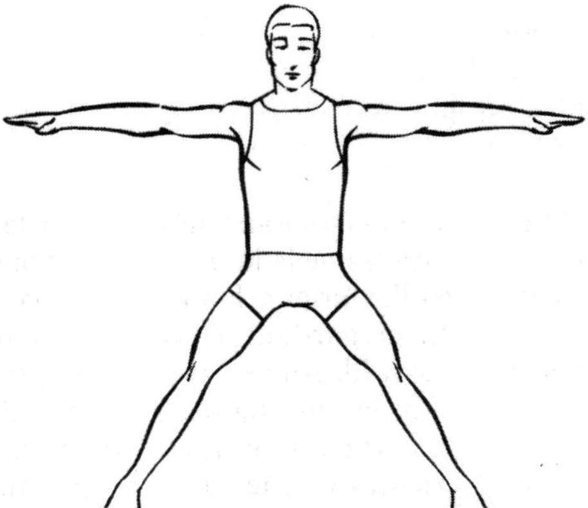

figure 2.4

5) **Triangle :** tournez le pied droit à 90° vers la droite. Tournez légèrement le pied gauche vers l'avant. Les bras tendus dans le prolongement des épaules, étirez les bras et le haut du corps le plus possible vers la droite. Descendez le bras droit et saisissez la cheville ou le mollet du même côté. Les bras toujours dans le prolongement des épaules, tournez le regard vers la main au ciel (figure 2.5).

figure 2.5

6) **Étirement latéral :** tournez le buste vers la droite. Tournez le pied arrière pour qu'il soit parallèle au pied avant. En gardant les deux hanches à égale distance du sol et les genoux tendus, descendez le buste vers la jambe droite et posez les deux mains sur le sol (de part et d'autre du pied droit ou, si possible, à droite du pied droit) ou, sinon, sur la cheville ou le mollet droits. La tête regarde le mollet droit (figure 2.6).

figure 2.6

7) **Extension en fente à droite** : pliez les genoux. Amenez le genou arrière (gauche) contre le sol et posez les mains de part et d'autre du pied avant (droit). Regardez devant vous en tirant le menton vers le haut (figure 2.7).

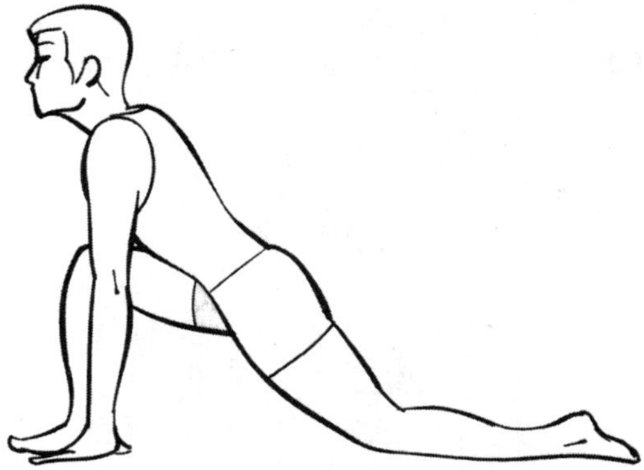

figure 2.7

8) **Posture accroupie sur la jambe droite :** amenez les mains devant le pied droit en pivotant le buste vers l'avant. En essayant de garder le genou droit au-dessus du pied, tournez le pied gauche pour poser le talon au sol, les orteils orientés vers le ciel (figure 2.8).

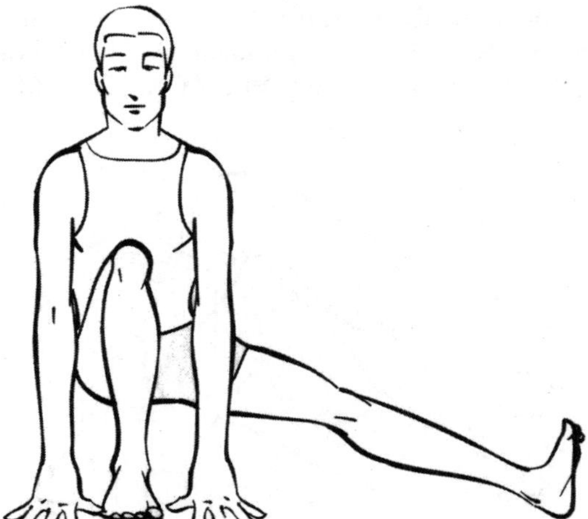

figure 2.8

9) **Guirlande :** amenez les mains au centre devant le buste tout en posant les deux pieds à plat sur le sol. Tournez les pieds à 45° vers l'extérieur (comme pour la posture de Kali). Pliez les coudes afin d'exercer une pression contre les genoux, vers l'extérieur, et plaquez les paumes l'une contre l'autre devant le buste en geste de salutation (namaste). Tenez cette posture aussi longtemps que possible en gardant le dos droit (figure 2.9).

figure 2.9

10) **Posture accroupie sur la jambe gauche :** posez les mains sur le sol et amenez-les devant le pied gauche. En essayant de garder le genou gauche au-dessus du pied, tournez le pied droit pour poser le talon au sol, les orteils orientés vers le ciel (figure 2.10).

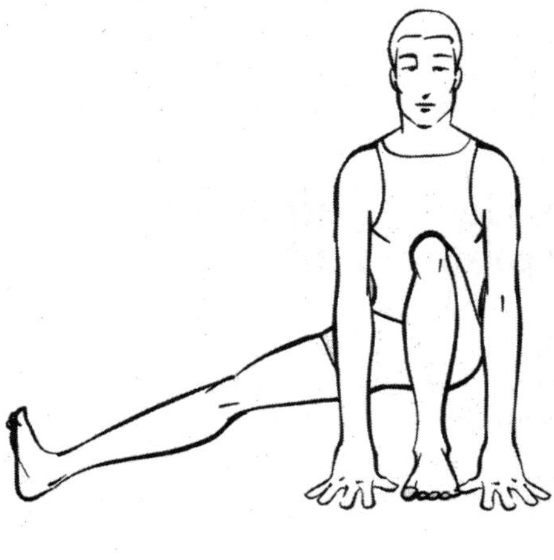

figure 2.10

11) **Extension en fente à gauche :** pliez les genoux. Amenez le genou arrière (droit) contre le sol et posez les mains de part et d'autre du pied avant (gauche). Regardez devant vous en tirant le menton vers le haut (voir figure 2.7).

12) **Étirement latéral :** tendez les genoux. En gardant les hanches à égale distance du sol et les pieds parallèles, le pied gauche devant vous, gardez les deux mains sur le sol (de part et d'autre du pied gauche ou, si possible, à gauche du pied gauche) ou, sinon, posez-les sur la cheville ou le mollet gauches. La tête regarde le mollet gauche (voir figure 2.6).

13) **Triangle :** levez le bras droit afin de retourner dans la posture du triangle (voir figure 2.5).

14) **Étoile de mer :** sur un inspir, aidez-vous du bras droit pour redresser le buste. Les pieds sont parallèles, vers l'avant. Étirez les bras, paumes vers le sol, des épaules au bout des doigts (voir figure 2.4).

15) **Posture de Kali :** tournez les pieds à 45° vers l'extérieur. Pliez les genoux et les coudes, et descendez le plus bas possible en gardant le dos droit, sans rentrer les genoux vers l'intérieur, en basculant le bassin vers l'avant (voir figure 2.3).

16) **Demi-lune :** amenez les bras au-dessus de la tête et plaquez les paumes l'une contre l'autre, les index pointant vers le ciel. Les pieds sont légèrement écartés l'un de l'autre. Étirez le corps vers la droite puis vers la gauche, le poids du corps étant bien réparti sur tous les points d'appui des deux pieds (voir figure 2.2).

Nombre de fois/Durée : faites au moins 2 salutations à la Lune en allant une fois vers la droite et une fois vers la gauche jusqu'à, peu à peu, arriver à 6.

Remarque : la salutation à la Lune est un échauffement qui peut remplacer la salutation au Soleil mais, comme elle est un peu plus compliquée, il vaut mieux maîtriser au préalable cette dernière.

Postures debout équilibrantes : se relier pleinement à son corps

Se tenir debout, bien droit, est une action simple mais néanmoins essentielle. Dans cette position, vous reliez votre corps aux énergies de la Terre. Vous vous ancrez fermement dans le sol et sentez que vous êtes ainsi pleinement présent.

Incluez dans chaque séance au moins 2 ou 3 des postures debout qui suivent. Effectuez-les les unes à la suite des autres.

Le chien museau vers le sol

Bien qu'il s'agisse d'une posture très puissante, c'est l'une des asanas les plus simples. Certains considèrent que c'est une inversion, la tête étant en bas.

Quand l'effectuer : l'idéal est en début d'une pratique d'asanas ou juste après quelques échauffements. Cependant, c'est également une parfaite posture de transition, qui aide à passer plus facilement d'une asana à une autre.

Bienfaits du chien museau vers le sol

- Le corps est bien enraciné, prêt à une pratique d'asanas.
- Cette posture étire tous les muscles de l'arrière des jambes et la région du creux poplité (derrière les genoux).
- La respiration est libre de toute contrainte, car cette position permet de respirer pleinement et profondément.
- Les bras et les épaules sont renforcés.
- Cela favorise la souplesse des épaules et du haut du dos.

figure 3 chien museau vers le sol

Comment effectuer le chien museau vers le sol

1) Mettez-vous à quatre pattes, les bras tendus et les mains juste sous les épaules. Les jambes sont écartées de la largeur du bassin.

2) Sur un expir, soulevez le bassin en tendant bien les jambes, le dos et les bras. Amenez la poitrine le plus près possible des jambes.

3) Essayez de ne pas décoller les talons du sol. Si vous y parvenez, cela facilitera le recul du bassin. Néanmoins, ne vous inquiétez pas si vous n'y arrivez pas. Cela viendra avec le temps.

4) La tête reste dans le prolongement des mains. Tenez la posture (figure 3) en respirant profondément, puis remettez-vous à quatre pattes en pliant les genoux.

Nombre de fois/Durée : tenez ainsi pendant au moins 30 secondes pour, peu à peu, arriver à 3 minutes. Si vous vous sentez trop fatigué, reposez-vous environ 10 secondes dans la posture de l'enfant (voir p. 99) avant de reprendre cette posture.

Remarque : gardez les mains plaquées au sol. Poussez bien sur les bras et les jambes afin que le poids du corps soit harmonieusement réparti sur tous les membres.

Mise en garde : si vous débutez ou si vous avez vos règles, vous avez intérêt à effectuer cette posture plutôt que des inversions (voir p. 84-96).

Tadasana ou la posture stable de la montagne

Cette posture constitue le socle d'une pratique régulière d'asanas. Vos pieds solidement ancrés dans le sol, tout le corps s'étire vers le ciel.

Quand l'effectuer : au début de votre pratique ainsi qu'entre 2 asanas.

Bienfaits de la posture de la montagne

- Elle améliore l'équilibre physique et mental.
- Elle aide à prendre conscience de la posture et de l'alignement de la colonne.
- Elle permet de se relier aux énergies de la Terre.

Comment effectuer la montagne

1) Tenez-vous le dos bien droit, les pieds rapprochés, les bras et les épaules souples, le menton légèrement rentré dans la poitrine. Ayez conscience de toute la surface des pieds sur le sol. Imaginez que vous les enfoncez dans le sol. Sentez le poids du corps bien réparti sur tous les points d'appui des pieds.

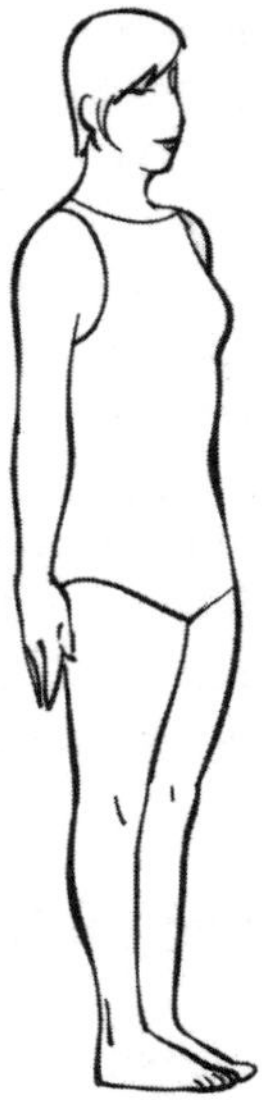

figure 4 tadasana

2) Sans décoller les pieds du sol, levez les orteils afin de bien les déployer puis reposez-les contre le sol. Fermez les yeux et prenez conscience de l'échange d'énergie entre vos pieds et la Terre. Pour vous y aider, visualisez des racines que vous envoyez dans la Terre afin d'y puiser de l'énergie pour votre corps.
3) Sentez l'énergie se propager dans vos jambes. Percevez vos mollets au-dessus de vos talons. Vérifiez que vos genoux sont droits mais sans raideur.
4) Lorsque l'énergie envahit votre buste, vérifiez que le bassin est droit. Imaginez que votre coccyx se rapproche de l'os du pubis.
5) Gardez les bras relâchés le long du corps, les coudes droits mais sans raideur. Vérifiez que, la colonne droite et les épaules détendues, la poitrine est bien dégagée pour permettre à l'air d'emplir toute la cage thoracique (en fin d'inspir, les clavicules se soulèvent).
6) Gardez la tête droite, le regard fixant un point devant vous (figure 4).

Respirez profondément dans la posture, en vérifiant sans cesse la rectitude du corps.

Nombre de fois/Durée : pratiquez aussi longtemps que vous le souhaitez. Il s'agit d'une asana en soi ainsi que d'un point de départ pour de nombreuses postures.

Remarque : gardez le poids du corps bien réparti entre vos pieds.

La pince debout

Vous vous penchez en avant, à partir de la posture de la montagne, pour amener le buste vers la Terre.

Quand l'effectuer : au début des postures debout, juste après tadasana.

Bienfaits de la posture de la pince debout

- Elle améliore la souplesse de la colonne.
- Elle étire tous les muscles de l'arrière des jambes et la région du creux poplité (derrière les genoux).
- Elle fléchit tout le corps vers l'avant.
- Elle améliore la concentration.
- Elle incite à une attitude d'humilité et d'introversion accrue.

figure 5 la pince debout

Comment effectuer la pince debout

1) Tenez-vous bien droit en tadasana, les pieds rapprochés.
2) Sur un inspir, amenez par l'avant les bras tendus au-dessus de la tête.
3) Sur un expir, penchez-vous en avant, le plus bas possible, en gardant les genoux tendus.

4) Si possible, attrapez vos chevilles ou, sinon, posez les mains sur l'arrière des mollets ou des genoux.
5) Restez dans cette posture pendant plusieurs respirations en plaquant bien les talons contre le sol, le bassin à la verticale au-dessus des pieds (figure 5).

Nombre de fois/Durée : tenez pendant 10 secondes pour, peu à peu, arriver à 1 minute.

Remarque : le poids du corps doit être bien réparti entre les pieds et les genoux restent tendus.

Mise en garde : cette posture est contre-indiquée si vous avez un rhume ou le nez bouché. En cas de grossesse, il faut écarter les pieds.

Variantes de la pince debout

Variante n° 1

Les débutants peuvent se contenter de se pencher en avant et de saisir chaque coude avec la main du bras opposé. En gardant les genoux tendus, laissez le poids de la tête accentuer l'étirement.

Variante n° 2

Les plus avancés peuvent poser les mains sur le sol ou de part et d'autre des pieds. Essayez d'amener peu à peu les mains à plat contre le sol avec le haut du corps plaqué contre les jambes.

Variante n° 3

Une posture plus avancée consiste à lever l'avant des pieds afin que, lorsque vous serez tête en bas, vous glissiez les mains sous les pieds. En gardant les genoux tendus et le bassin à la verticale au-dessus de vos pieds, amenez la tête vers les mollets.

Variante n° 4

Une posture encore plus avancée consiste à saisir derrière vos mollets chaque coude avec la main opposée, la tête et le buste étant plaqués contre les jambes.

Mise en garde : n'essayez pas d'effectuer une variante avancée avant d'avoir maîtrisé la posture de base ou si vous êtes enceinte.

La chaise

Cette asana est excellente pour explorer la mobilité du bas de la colonne et du bassin.

Quand l'effectuer : après la pince vers l'avant.

Bienfaits de la posture de la chaise

- Elle étire toute la région du creux poplité (derrière les genoux).
- Elle favorise l'équilibre physique et la concentration mentale.

figure 6 la chaise

Comment effectuer la chaise

1) Tenez-vous bien droit en tadasana. Les pieds sont parallèles, espacés de 15 cm environ. Le regard fixe un point devant vous.
2) Amenez les bras tendus devant vous, à hauteur des épaules, parallèles au sol, les paumes vers le bas.
3) En gardant le plus possible les talons plaqués au sol, pliez les genoux et sentez que vous êtes assis sur une chaise invisible.
4) Tenez cette posture le temps de plusieurs respirations.
5) Reculez un peu le haut du corps et, en basculant le bassin vers l'avant, essayez de vous asseoir un peu plus en gardant le buste le plus droit possible (figure 6).
6) Répétez les points 4 et 5 plusieurs fois.

Nombre de fois/Durée : essayez de tenir au moins 10 secondes, puis arrêtez et détendez-vous un peu. Répétez 2 à 5 fois.

Remarque : il existe de nombreuses variantes de la chaise. Si les épaules et le haut du dos le permettent, essayez d'effectuer la chaise avec les bras tendus au-dessus de la tête, les paumes plaquées l'une contre l'autre.

Le triangle

Cette posture debout est un bon étirement latéral.

Quand l'effectuer : lors d'une série de postures debout.

Bienfaits de la posture du triangle

- Elle étire latéralement la colonne et les muscles postérieurs du corps.
- Elle augmente la souplesse du bassin.
- Elle stimule la circulation sanguine.
- Une pratique régulière aide à conserver une démarche souple.
- Elle améliore la concentration.

figure 7 le triangle

Comment effectuer le triangle

1) Écartez largement les pieds qui doivent être plus espacés que la largeur des épaules.
2) Sur un expir, mettez les bras en croix, les paumes face au sol.
3) Sur un inspir, tournez le pied droit vers l'extérieur de 90° et le pied gauche vers l'intérieur de 45°.
4) En gardant les bras à l'horizontale, amenez le plus possible le buste vers la droite. Étirez bien le bras droit au-dessus de la jambe du même côté, sans tourner le buste.
5) Abaissez le bras droit pour attraper la cheville ou, sinon, le mollet ou la cuisse tout en étirant le bras gauche à la verticale. Les bras, les épaules et les clavicules ne forment qu'un seul bloc.
6) Levez la hanche gauche. Étirez le bras gauche vers le ciel et regardez la main gauche (figure 7). Le talon arrière doit toujours rester collé au sol.
7) Restez ainsi en respirant profondément, puis relevez-vous lors d'un expir. Répétez de l'autre côté.

Nombre de fois/Durée : 10 secondes de chaque côté pour, peu à peu, arriver à 30 secondes. Vous pouvez répéter la posture 2 ou 3 fois de chaque côté.

Remarque : ne tournez jamais le buste.

Mise en garde : en cas de difficulté avec cette posture, vous pouvez garder la main gauche sur la hanche gauche. Ne levez le bras gauche à la verticale que lorsque vous êtes suffisamment confiant et équilibré.

Le triangle retourné

Voici une variante très intéressante, mais un peu plus difficile, de la posture de base.

Quand l'effectuer : après le triangle, en option.

Bienfaits de la posture du triangle retourné

- Elle tonifie les nerfs rachidiens et les organes de l'abdomen.
- Elle améliore le péristaltisme intestinal et, par conséquent, la digestion. La torsion vers la gauche masse en douceur le côlon ascendant.
- Elle étire latéralement la colonne vertébrale.
- Elle stimule l'énergie dans la région du plexus solaire.

figure 8 le triangle retourné

Comment effectuer le triangle retourné

1) Écartez les pieds, parallèles, d'un peu plus de la largeur des épaules.
2) Sur un expir, mettez les bras en croix, les paumes face au sol.
3) Sur un inspir, tournez le buste vers la droite en gardant les bras dans l'alignement des épaules. Posez la main gauche sur le sol, à l'extérieur du pied droit (ou sur un petit support si vous n'arrivez pas à toucher le sol).
4) Étirez bien le bras droit vers le ciel et regardez la main gauche. Les doigts sont orientés vers le ciel (figure 8).
5) Restez ainsi en respirant profondément, puis relevez-vous sur un expir. Répétez de l'autre côté.

Nombre de fois/Durée : débutez par 10 secondes de chaque côté pour, peu à peu, arriver à tenir 30 secondes.

Remarque : les bras, les épaules et les clavicules ne forment qu'un seul bloc.

Mise en garde : n'envisagez cette variante qu'après être à l'aise avec la posture du triangle.

Le guerrier 1

Ce guerrier fait des merveilles pour améliorer la posture et l'ancrage, la stabilité du corps.

Quand l'effectuer : lors d'une série de postures debout.

Bienfaits de la posture du guerrier 1

- Elle améliore la concentration et la force physique.
- Elle étire les muscles des jambes.
- Elle accentue l'amplitude respiratoire en ouvrant la cage thoracique.
- Elle favorise l'ouverture du bassin.
- Elle renforce les cuisses.
- Elle consolide en profondeur votre pratique, et par conséquent, votre vie.

figure 9 le guerrier 1

Comment effectuer le guerrier 1

1) Tenez-vous bien droit en tadasana, les pieds espacés de 5 à 10 cm. Posez les mains sur les hanches. Il faudra vérifier que le bassin reste toujours orienté vers l'avant.

2) Avancez le pied droit d'un grand pas. Tournez légèrement le pied gauche vers l'extérieur. Avancez encore un peu plus le pied droit vers l'avant tout en pliant le genou droit. Les pieds sont espacés d'au moins 1 mètre et la cuisse droite est parallèle au sol. Plus les pieds seront écartés et plus la posture sera facile.

3) Vérifiez que le genou avant est bien en aplomb du pied avant. La jambe arrière est tendue, le pied plaqué au sol. Sur un expir, levez les bras au-dessus de la tête, les paumes jointes. Ne vous penchez pas en avant, mais gardez le dos droit. Le poids du corps est bien réparti sur les deux pieds. Respirez profondément dans la posture (figure 9).
4) Revenez en tadasana et répétez de l'autre côté.

Nombre de fois/Durée : essayez de tenir 10 secondes de chaque côté pour, peu à peu, arriver à 1 minute.

Remarque : le bassin doit rester droit, orienté vers l'avant.

Mise en garde : faites attention si les genoux sont sensibles.

Le guerrier 2

Cette variante est excellente pour explorer l'équilibre et la relation entre les deux jambes.

Quand l'effectuer : après le guerrier 1.

Bienfaits de la posture du guerrier 2

Les mêmes que pour le guerrier 1, mais meilleurs encore !

figure 10 le guerrier 2

Comment effectuer le guerrier 2

1) Mettez-vous dans la posture du guerrier 1.
2) Abaissez les bras à l'horizontale, les paumes face au sol.
3) Avec les bras, les épaules et les clavicules qui ne forment qu'un seul bloc, tournez le haut du corps vers la gauche jusqu'à ce que les bras soient au-dessus des jambes. Regardez la main droite et respirez profondément dans la posture (figure 10).

Nombre de fois/Durée : essayez de tenir 10 secondes de chaque côté pour, peu à peu, arriver à 1 minute.

Remarque : ne vous penchez pas en avant. Gardez le dos droit et le poids du corps bien réparti sur les deux pieds.

Mise en garde : faites attention si les genoux sont sensibles.

Natarajasana, la posture du danseur cosmique

Nataraja est un autre nom de Shiva, le seigneur de la danse. Cette asana fait travailler la souplesse et l'équilibre, tant mental que physique.

Quand l'effectuer : lors des postures debout.

Bienfaits de la posture du danseur cosmique

- Le corps devient léger et gracieux.
- Le bassin s'ouvre et s'assouplit.
- Le corps et l'esprit gagnent en équilibre.

Comment effectuer le danseur cosmique

1) Tenez-vous bien droit en tadasana.
2) Sur un inspir, fléchissez la jambe droite pour amener le pied vers la fesse droite et saisissez la cheville avec la main droite.
3) Sur un expir, étirez le bras gauche devant vous, à hauteur de l'oreille gauche.
4) Imaginez que votre corps ne forme qu'un seul bloc du genou plié aux doigts de la main gauche. Le regard fixe un point devant vous, à 2 mètres environ des orteils.
5) Levez peu à peu la jambe pliée tout en inclinant légèrement le haut du corps (figure 11).

figure 11 Natarajasana, la posture du danseur cosmique

6) Continuez de lever la jambe le plus haut possible jusqu'à ce que le buste soit parallèle au sol. En gardant votre équilibre, respirez doucement.
7) Relevez-vous sur un expir et répétez de l'autre côté.

Nombre de fois/Durée : essayez de tenir 10 secondes de chaque côté pour, peu à peu, arriver à 30 secondes.

Remarque : gardez le bras tendu près de l'oreille.

Mise en garde : si vous avez du mal à garder votre équilibre, pratiquez devant un mur.

L'arbre

Commencez par vous sentir bien stable avant de vous étirer vers le ciel.

Quand l'effectuer : n'importe quand !

Bienfaits de la posture de l'arbre

- Elle améliore l'équilibre physique et mental.

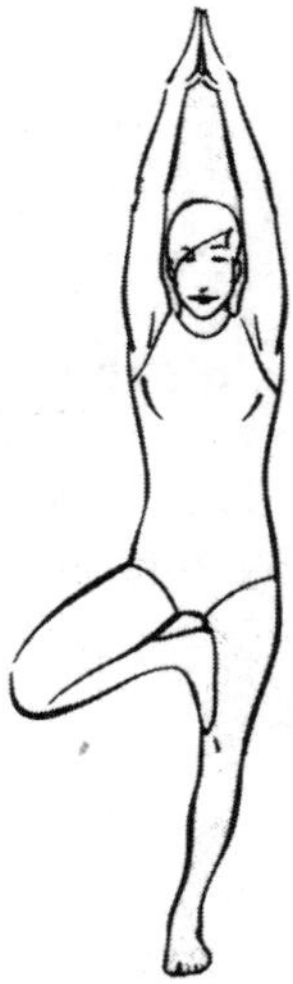

figure 12 l'arbre

Comment effectuer l'arbre

1) Tenez-vous bien droit en tadasana. Inspirez puis, sur un expir, faites glisser le pied droit contre la cuisse gauche, le genou tourné vers l'extérieur. Posez le talon le plus haut possible.
2) La jambe gauche est tendue et stable, le pied plaqué au sol.
3) Joignez les paumes sur la poitrine. Sur un inspir, amenez les bras au-dessus de la tête, les paumes toujours plaquées l'une contre l'autre, en évitant toute crispation.
4) Respirez profondément dans la posture, le regard fixant un point devant vous. Imaginez que le pied droit envoie des racines dans le sol. Utilisez la force de gravité de la Terre pour affermir la posture (figure 12).
5) Abaissez les bras et le pied droit pour retourner en tadasana. Répétez la posture de l'autre côté.

Nombre de fois/Durée : commencez par tenir 10 secondes de chaque côté pour, peu à peu, arriver à 1 minute.

Remarque : pour conserver votre équilibre, fixez un point devant vous à environ 1 mètre des pieds.

Mise en garde : si vous avez du mal à être stable dans la posture, placez le côté gauche du corps à 15 cm environ d'un mur. Posez la main gauche sur le mur pour effectuer l'arbre. Quand vous vous sentirez plus stable, décollez la main du mur et amenez les bras au-dessus de la tête. Répétez la posture de l'autre côté.

Le croissant de lune

Cette posture s'effectue les bras au-dessus de la tête ou à l'horizontale, dans le prolongement des épaules.

Quand l'effectuer : lors de postures debout ou de flexions arrière.

Bienfaits de la posture du croissant de lune

- Elle ouvre le bassin.
- Elle améliore l'équilibre et la concentration.
- Elle ouvre la cage thoracique, ce qui accroît la capacité respiratoire.

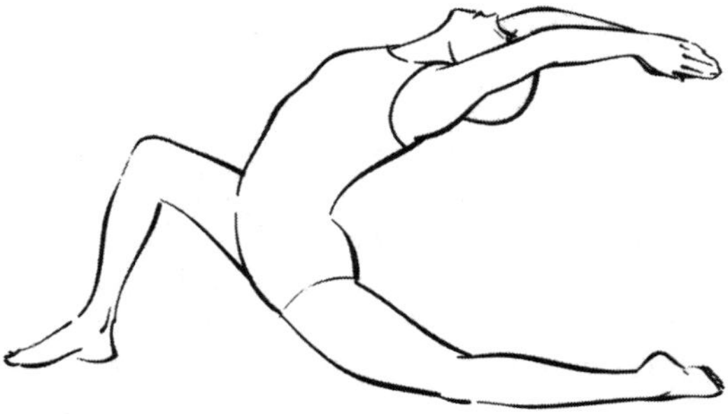

figure 13 le croissant de lune

Comment effectuer le croissant de lune

1) Mettez-vous à genoux.
2) Amenez le pied droit devant vous. Le genou est en aplomb du pied, la cuisse parallèle au sol.
3) Joignez les paumes sur la poitrine en geste de salutation (namaste).
4) En gardant les paumes plaquées l'une contre l'autre, étirez les bras vers le ciel en cambrant le plus possible le dos. Ayez l'impression que l'étirement part de la cuisse droite (figure 13).

Nombre de fois/Durée : essayez de tenir 10 à 30 secondes de chaque côté.

Remarque : le genou doit toujours rester en aplomb du pied.

Mise en garde : si vous êtes enceinte, effectuez cette posture avec les bras tendus à l'horizontale, dans le prolongement des épaules.

Le corbeau

Imaginez que vos mains sont des pattes de corbeau.

Quand l'effectuer : n'importe quand.

Bienfaits de la posture du corbeau

- Elle aide à développer l'équilibre physique et mental.
- Elle renforce les avant-bras et les poignets.
- Elle apporte de la souplesse aux poignets et aux doigts. Cette posture est très efficace pour contrer bien des effets négatifs d'un travail sur ordinateur.

figure 14 le corbeau

Comment effectuer le corbeau

1) Mettez-vous en position accroupie, les genoux bien écartés.
2) Placez les mains à plat sur le sol, les doigts très écartés et légèrement orientés vers l'intérieur. Les coudes sont fléchis vers l'extérieur. Si vous êtes avancé et/ou plus musclé, vous pouvez tendre les bras.
3) Amenez les genoux contre le haut des bras et le poids du corps vers l'avant en gardant la tête redressée.
4) Quand vous sentez le poids du corps sur les poignets, décollez lentement un pied du sol puis l'autre. Restez dans la posture (figure 14). Si vous n'arrivez pas à décoller les pieds du sol, contentez-vous de placer le poids du corps sur les poignets.

Nombre de fois/Durée : essayez de tenir au moins 5 secondes pour, peu à peu, arriver à 30 secondes. Répétez 2 ou 3 fois.

Remarque : n'abaissez pas la tête.

Mise en garde : placez un coussin devant vous, au cas où vous perdiez votre équilibre.

Le paon

Quand vous aurez maîtrisé cette posture, votre corps ressemblera à un superbe paon aux plumes déployées.

Quand l'effectuer : n'importe quand.

Bienfaits de la posture du paon

- Elle tonifie le système digestif.
- Elle favorise et préserve la souplesse des mains, des doigts et des poignets.
- Elle renforce les avant-bras et les épaules.
- Elle stimule le chakra du plexus solaire.

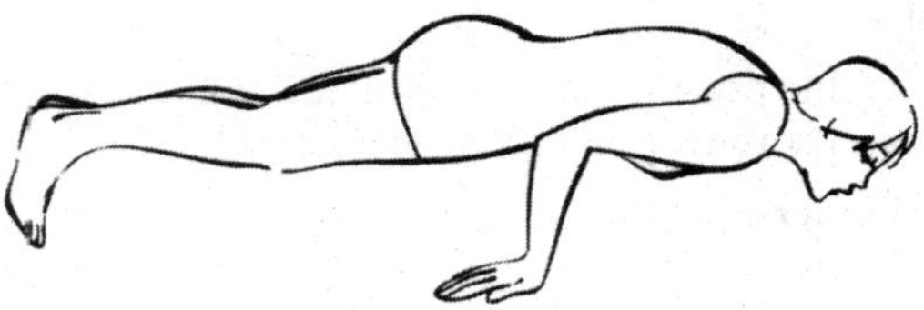

figure 15 le paon

Comment effectuer le paon

1) Asseyez-vous sur les talons, les genoux largement écartés.
2) Amenez côte à côte les coudes, les avant-bras et les poignets devant le buste, les paumes jointes.
3) Posez les paumes à plat sur le sol, entre les genoux, les doigts orientés vers le corps.
4) Sans déplacer les bras, amenez les coudes sous l'abdomen.
5) Penchez-vous en avant et posez le front sur le sol.
6) Étirez une jambe vers l'arrière, puis l'autre. Vous êtes à présent en équilibre sur les orteils, les mains et les avant-bras.
7) Redressez la tête. Vous tenez à présent sur les mains et les orteils.

8) Amenez lentement le poids du corps vers l'avant jusqu'à sentir vos pieds décoller du sol (figure 15). NE SAUTEZ PAS !

Nombre de fois/Durée : essayez de tenir 2 à 3 secondes pour, peu à peu, arriver à 15 secondes.

Remarque : prenez votre temps pour effectuer cette posture.

Mise en garde : cette posture est contre-indiquée si vous êtes enceinte, avez vos règles ou souffrez de douleurs abdominales.

Postures assises et flexions avant : porter son attention vers l'intérieur

Lors d'une flexion avant, votre vision du monde physique devient plus claire et plus précise, ce qui favorise l'intériorisation. Ce type de posture, qui demande de la patience, aide à devenir plus stable et tolérant.

Le tailleur

Cette confortable position jambes croisées convient aux exercices de respiration (pranayama) et à la méditation.

Quand l'effectuer : pendant des exercices de pranayama ou une méditation.

Bienfaits de la posture du tailleur

- Elle donne au corps une base stable tout en aidant le corps et l'esprit à être centrés.
- Avec une pratique régulière, elle favorise l'ouverture du bassin et étire le bas du dos.
- Elle renforce les muscles du bas du dos.

Comment effectuer le tailleur

1) Asseyez-vous les jambes croisées. La tête est droite, dans l'alignement de la colonne. Le dos est parfaitement droit, les épaules ramenées vers l'arrière (figure 16).

2) Vérifiez que les genoux ne sont pas plus haut que les hanches. Si vous débutez ou si votre bassin est raide, vous avez intérêt à vous asseoir sur un coussin ou une couverture repliée. Cela relèvera les fesses et amènera les hanches à hauteur des genoux. En outre, cela soulagera d'éventuelles tensions dans le bas du dos et le bassin.

3) Respirez profondément à plusieurs reprises dans la posture. Laissez le souffle aller et venir selon un rythme naturel, lent.

figure 16 le tailleur

Nombre de fois/Durée : restez dans cette posture aussi longtemps qu'elle est confortable.

Remarque : le corps est détendu mais parfaitement droit.

Mise en garde : si la posture est désagréable, utilisez un coussin ou une couverture repliée pour surélever les fesses.

Le diamant (vajrasana)

Si vous faites de la méditation zen, c'est la position assise traditionnelle.

Quand l'effectuer : vous constaterez probablement qu'elle convient bien pour méditer ou manger.

Bienfaits de la posture du diamant

- Elle facilite la digestion si vous l'effectuez pendant un repas ou juste après.
- Elle stimule et équilibre l'énergie de la région du chakra du plexus solaire.
- Elle offre une posture de remplacement pour méditer si la posture en tailleur est inconfortable ou impossible.

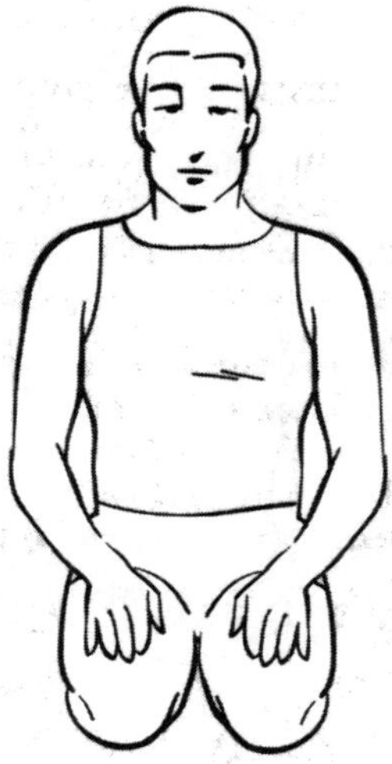

figure 17 le diamant

Comment effectuer le diamant

1) Les genoux sur le sol, installez confortablement les fesses sur les talons. Les pieds sont l'un contre l'autre mais, s'ils sont sensibles, vous pouvez les écarter un peu.
2) Posez légèrement les mains sur les cuisses. Le dos est droit, la tête dans l'axe de la colonne et redressée.
3) Sentez que vous vous enracinez dans le sol, puisant de la stabilité et de la force. Soyez particulièrement attentif aux effets de la force de gravité sur votre corps. Avec de la pratique, une agréable impression de lourdeur se transformera en sensation de stabilité et de calme (figure 17).

Nombre de fois/Durée : restez dans la posture aussi longtemps qu'elle est confortable.

Remarque : si les genoux sont sensibles, posez-les sur un coussin, un petit matelas ou une couverture repliée.

Mise en garde : si le bassin ou les pieds sont sensibles, vous avez intérêt à placer dessous une serviette roulée.

Le lotus

Le lotus est souvent considéré comme la posture emblématique du hatha-yoga.

Cette plante, qui pousse dans des eaux troubles et stagnantes, illustre la pureté résistant aux souillures du monde. En effet, sa fleur magnifique surmonte bien des obstacles avant de parvenir à la lumière.

Quand l'effectuer : pour des exercices de respiration, de méditation ou en posture préliminaire à d'autres asanas d'un niveau avancé.

Bienfaits de la posture du lotus

- Elle procure au corps une base stable pour méditer ou faire des exercices de pranayama.
- Elle ouvre le bassin.

figure 18 le lotus

Comment effectuer le lotus

1) Asseyez-vous sur le sol, les jambes allongées devant vous.
2) Pliez le genou droit et amenez le pied droit contre la cuisse gauche, le plus près possible de l'aine.
3) Pliez le genou gauche et amenez le pied gauche contre la cuisse droite, là aussi le plus près possible de l'aine (figure 18).

Nombre de fois/Durée : essayez de tenir 10 secondes pour, peu à peu, rester plus longtemps. Arrêtez dès que la posture devient inconfortable.

Remarque : les deux genoux reposent sur le sol.

Mise en garde : le lotus est une posture avancée, qui demande une grande souplesse du bassin. Ne forcez pas pour obliger les jambes à prendre la position requise. Si les genoux sont sensibles ou si vous souffrez de varices, N'ESSAYEZ PAS de faire le lotus.

La pince

La pince est parfois appelée la posture de l'étirement occidental, car les textes anciens recommandent d'effectuer les asanas face au soleil levant et donc le dos vers l'ouest. Il s'agit d'un étirement intensif de toute la partie « occidentale » du corps, des talons au cuir chevelu.

Quand l'effectuer : pour débuter une série de flexions avant.

Bienfaits de la posture de la pince

- Elle constitue un massage puissant de tous les organes.
- Une pratique régulière supprime une éventuelle compression vertébrale en étirant la colonne.
- Rester un certain temps dans cette posture calme l'esprit et favorise l'introspection.

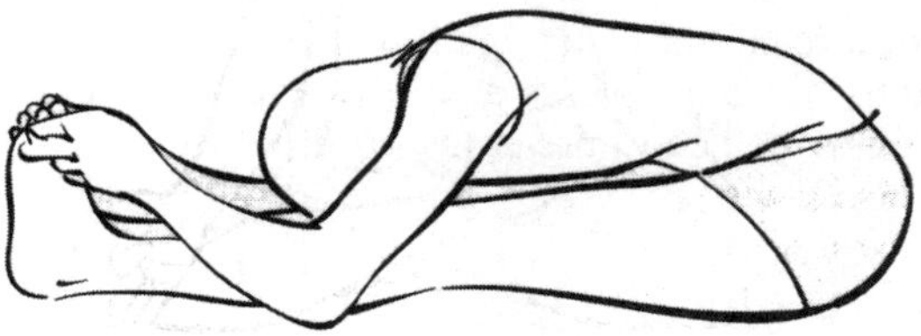

figure 19 la pince

Comment effectuer la pince

1) Asseyez-vous sur le sol, les jambes jointes allongées devant vous. Les débutants qui trouvent cette position inconfortable peuvent s'asseoir sur un coussin ou une couverture repliée.

2) Inspirez profondément en étirant les bras et les doigts devant vous. Les coudes sont tendus, les bras plaqués contre la tête.

3) Sur un expir, étirez le buste à partir du bassin en essayant de garder le dos droit.

4) Si possible, saisissez les pieds ou les chevilles ou, sinon, aidez-vous d'une sangle que vous enroulerez autour des pieds ou posez les mains sur les mollets ou les genoux.

5) Respirez profondément à plusieurs reprises dans la posture. Aidez-vous du souffle pour, peu à peu, vous pencher un peu plus en avant en étirant le dos afin de poser le haut de la poitrine sur les jambes (figure 19).

Nombre de fois/Durée : les débutants resteront dans la posture pendant 10 secondes et, après un temps de repos, répéteront l'étirement 2 ou 3 fois. Les plus avancés essayeront d'arriver, peu à peu, à 3 minutes.

Remarque : le dos ne doit pas se voûter mais rester droit. Sentez que vous étirez le haut du corps vers l'avant, et non vers le bas.

Mise en garde : en cas de grossesse, effectuez cette posture les jambes écartées. Il vaut mieux apprendre cette posture avec un professeur de yoga spécialisé dans les femmes enceintes.

Le plan incliné

C'est une excellente contre-posture de la pince.

Quand l'effectuer : juste après la pince.

Bienfaits de la posture du plan incliné

- Elle renforce les bras, les épaules et les poignets.
- Elle améliore la souplesse de la colonne et du bassin.
- Elle augmente l'équilibre et la coordination.

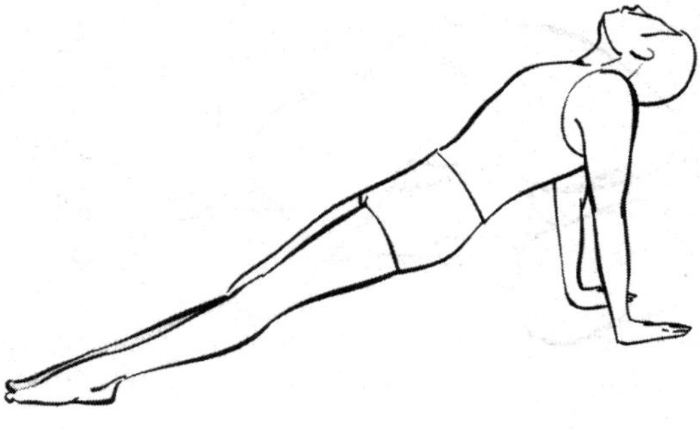

figure 20 le plan incliné

Comment effectuer le plan incliné

1) Asseyez-vous sur le sol, les jambes jointes allongées devant vous.
2) Posez les mains derrière vous, à plat sur le sol, à 30 cm environ des fesses. Les doigts pointent en direction opposée du corps.
3) Penchez la tête vers l'arrière et levez le bassin aussi haut que possible. Gardez les pieds joints, plaqués au sol (figure 20).

Nombre de fois/Durée : essayez de tenir 10 secondes pour, peu à peu, arriver à 1 minute.

Remarque : les pieds ne doivent pas se tourner vers l'intérieur.

Mise en garde : cette posture est contre-indiquée si vous souffrez d'un syndrome du canal carpien ou de séquelles de traumatisme aux poignets ou aux mains.

La flexion avant une jambe tendue

Cette variante de la pince, une jambe tendue, accroît beaucoup la souplesse du bassin.

Quand l'effectuer : en variante après la pince et le plan incliné.

Bienfaits de la flexion avant une jambe tendue

- Elle étire et renforce tout le dos.
- Elle assouplit le bassin.
- Elle constitue un excellent exercice préparatoire si vous avez du mal à méditer en posture assise.

figure 21 la flexion avant une jambe tendue

Comment effectuer la flexion avant une jambe tendue

1) Asseyez-vous sur le sol, les jambes jointes allongées devant vous.
2) Pliez le genou droit pour poser le pied droit contre la cuisse gauche. Le haut du corps reste dans l'axe, les deux fesses plaquées au sol.
3) Sans forcer, amenez peu à peu le genou droit vers le sol. Le genou gauche reste tendu.
4) Sur un inspir, tendez les deux bras au-dessus de la tête.
5) Sur un expir, penchez-vous en avant à partir du bassin. Saisissez le pied gauche (en vous aidant, si besoin, d'une sangle) et amenez le haut du buste le plus près de la cuisse gauche (figure 21). Si vous ne parvenez pas à saisir le pied, posez les mains sur le mollet ou le genou gauches.
6) Respirez profondément dans la posture puis, sur un inspir, relevez le buste. Répétez de l'autre côté.

Nombre de fois/Durée : essayez de tenir 10 à 30 secondes de chaque côté pour, peu à peu, arriver à 1 minute.

Remarque : le buste doit rester dans l'axe du corps.

Mise en garde : n'essayez pas de forcer pour amener le genou au sol.

La tortue

Cette flexion avant étire les adducteurs des cuisses, qui sont difficiles à solliciter.

Quand l'effectuer : après la pince.

Bienfaits de la posture de la tortue

- Elle étire et renforce les adducteurs.
- Elle renforce le bas du dos.
- Elle ouvre le bassin.

Comment effectuer la tortue

1) Asseyez-vous sur le sol en écartant le plus possible les jambes. Les genoux sont tendus.
2) Tournez le buste vers la jambe droite.
3) Respirez profondément en étirant les bras au-dessus de la tête.

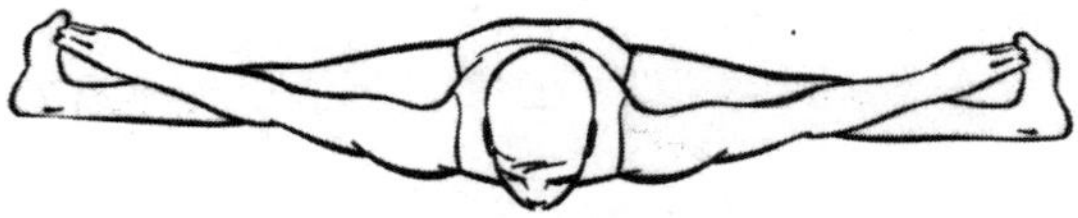

figure 22 la tortue

4) Sur un expir, penchez-vous en avant pour amener le haut du corps contre la jambe gauche.
5) Respirez profondément dans la posture. Sur un inspir, redressez le buste.
6) Répétez les points 2 à 5 du côté gauche.
7) Amenez le corps au centre. Sur un expir, penchez-vous en avant. Saisissez les deux jambes avec les mains et amenez la tête vers le sol (figure 22). Respirez profondément dans la posture. Sur un inspir, ramenez le haut du corps à la verticale.

Nombre de fois/Durée : essayez de tenir 10 secondes de chaque côté pour, peu à peu, arriver à 1 minute.

Remarque : aidez-vous du souffle et gardez les épaules et le dos souples pour retirer tous les bénéfices de cette posture.

Mise en garde : n'essayez pas de forcer pour amener le buste vers le sol.

Le papillon

Cette posture permet d'étirer le dos tout en assouplissant le bassin. Si vous faites du yoga avec des enfants, ils apprécieront tout particulièrement le moment où il faut « battre des jambes ».

Quand l'effectuer : après la tortue.

Bienfaits de la posture du papillon

- Elle ouvre le bassin.
- Elle détend les jambes.

figure 23 le papillon

Comment effectuer le papillon

1) Asseyez-vous sur le sol. Sur un expir, pliez les genoux pour amener les plantes des pieds l'une contre l'autre. Les genoux orientés vers l'extérieur, laissez-les tomber vers le sol.
2) Le dos bien droit, saisissez les pieds avec les mains. Sans forcer, battez doucement des jambes en essayant de les rapprocher du sol (figure 23).
3) Une fois le bassin suffisamment assoupli, les mains toujours autour des pieds, penchez-vous en avant sans bouger les genoux, le dos bien droit, pour rester en statique.

Nombre de fois/Durée : essayez de tenir 10 secondes en statique pour, peu à peu, arriver à 30 secondes. Les débutants insisteront plus sur le mouvement de battement des jambes.

Remarque : ne forcez pas quand vous laissez tomber les genoux vers le sol.

La grenouille

Dans cette posture, le corps ressemble à une grenouille sur le point de sauter.

Quand l'effectuer : avec d'autres flexions avant.

Bienfaits de la posture de la grenouille

- Elle étire le bas du dos.
- Elle ouvre la cage thoracique, les épaules et le bassin.

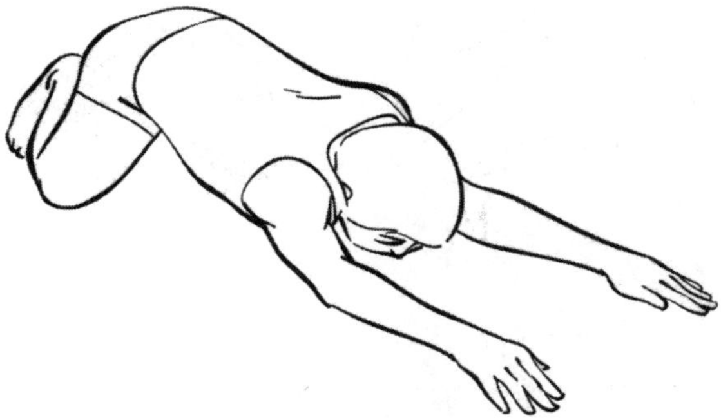

figure 24 la grenouille

Comment effectuer la grenouille

1) Asseyez-vous sur les talons dans la posture du diamant (voir p. 54-55). Écartez le plus possible les genoux.
2) Posez les mains sur le sol entre les genoux.
3) Avancez peu à peu les mains en gardant les fesses sur les talons.
4) Continuez d'avancer jusqu'à amener la poitrine contre le sol (ou le plus près possible). Les bras sont étirés devant vous (figure 24).
5) Respirez profondément dans la posture.

Nombre de fois/Durée : essayez de tenir 10 secondes pour, peu à peu, arriver à 30 secondes.

Remarque : ne décollez pas les talons des fesses.

Le museau de vache

Dans cette posture, votre coude ressemble à la corne d'une vache indienne.

Quand l'effectuer : lors d'une série de postures assises.

Bienfaits de la posture du museau de vache

- Elle étire les épaules.
- Elle prépare le corps à des asanas plus difficiles.
- Elle étire les muscles latéraux de part et d'autre de la cage thoracique.

figure 25 le museau de vache

Comment effectuer le museau de vache

1) Asseyez-vous sur les talons dans la posture du diamant (voir p. 54-55).
2) Pliez le coude droit pour l'amener derrière vous.
3) Amenez le bras gauche à la verticale et pliez le coude pour qu'il soit en aplomb de l'épaule, la main étant posée contre la pointe de l'omoplate.
4) Saisissez vos mains derrière le dos (figure 25).
5) Si vous n'y parvenez pas, aidez-vous d'une sangle pour les rapprocher le plus possible l'une de l'autre.
6) Respirez profondément et essayez d'amener la tête sur le sol devant vous.

7) Respirez profondément dans la posture. Sur un inspir, relevez-vous avant de répéter de l'autre côté, le coude droit en haut et le coude gauche derrière le dos.

Nombre de fois/Durée : essayez de tenir 10 secondes de chaque côté pour, peu à peu, arriver à 30 secondes.

Remarque : si vous ne parvenez pas à tenir vos mains derrière le dos, aidez-vous d'une sangle ou d'une serviette éponge.

Le lion

Si vous faites du yoga avec des enfants, n'oubliez pas d'y inclure la posture du lion.

Quand l'effectuer : n'importe quand.

Bienfaits de la posture du lion

Elle apporte beaucoup d'énergie au niveau du cou et de la gorge.

figure 26 le lion

Comment effectuer le lion

1) Asseyez-vous sur les talons dans la posture du diamant (voir p. 54-55). Posez les mains sur les cuisses.

2) Inspirez profondément et expirez fortement par la bouche. Quand vous expirez, soyez comme un lion prêt à bondir sur sa proie : tendez les bras, raidissez le corps, transformez vos

doigts en griffes, tirez la langue le plus possible et roulez les yeux (figure 26).

Nombre de fois/Durée : 2 ou 3 fois.

Remarque : vous pouvez pousser un rugissement, ce qui sera très apprécié si vous êtes avec des enfants !

Flexions arrière : s'ouvrir au monde

Les flexions arrière étirent, comme leur nom l'indique, la colonne vers l'arrière. Ces postures ouvrent la cage thoracique, assouplissent le bassin et contrent les effets d'un travail assis toute la journée. Il s'agit des formes d'asana les plus extraverties. Leur pratique, qui demande plus d'énergie, aide à s'ouvrir aux merveilles du monde qui nous entoure.

La table à deux pieds

Cette flexion arrière relativement facile aide à ouvrir tout le corps. Cette expansion est à l'opposé de la forme introvertie de la chandelle (voir p. 85) et de la charrue (voir p. 86).

Quand l'effectuer : après la chandelle.

Bienfaits de la posture de la table à deux pieds

- Elle agit en contre-posture de la chandelle.
- Elle supprime toute pression dans la région cervicale (le cou et le haut du dos).
- Elle renforce la sangle abdominale et les muscles lombaires (du bas du dos).
- Elle améliore la souplesse des poignets et de la colonne.

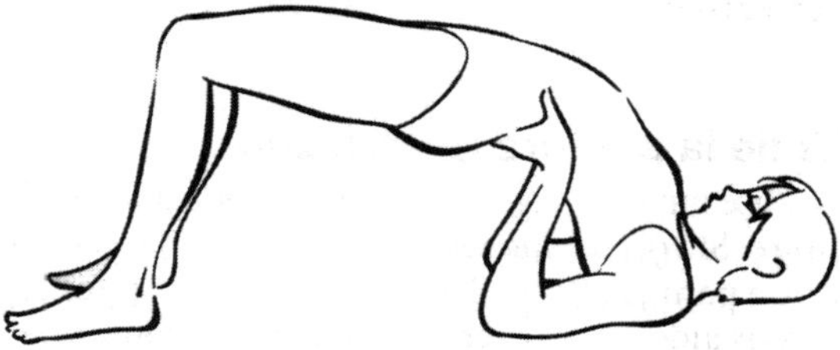

figure 27 la table à deux pieds

Comment effectuer la table à deux pieds

1) Allongez-vous sur le dos.
2) Pliez les genoux et posez les pieds à plat sur le sol. Les pieds sont parallèles, distants de la largeur du bassin.
3) Levez le bassin le plus haut possible.
4) Posez les mains à plat sur le dos, les doigts orientés vers la colonne et les pouces vers le ciel (figure 27).
5) Redescendez le corps et détendez-vous un instant.

Nombre de fois/Durée : essayez de tenir 1 minute environ en respirant profondément. Si vous faites la variante du demi-pont, 10 à 30 secondes suffisent, mais répétées 2 ou 3 fois.

Remarque : les pieds restent parallèles et les genoux dans l'alignement des pieds.

Variantes de la table à deux pieds

Variante n° 1

Amenez les bras sur le sol, sous le dos. Croisez les doigts des deux mains en gardant les coudes tendus.

Variante n° 2

Saisissez les chevilles avec la main du même côté. Cette variante, appelée demi-pont, peut se faire avant le pont (voir p. 76). Si vous n'arrivez pas à effectuer le pont, cette posture vous aidera à vous y préparer.

Le poisson

Voici la seconde contre-posture à la chandelle et à la charrue.

Quand l'effectuer : en général juste après la chandelle et la charrue.

Bienfaits de la posture du poisson

- Cette posture ouvre la cage thoracique, ce qui améliore la capacité respiratoire. Si votre respiration est superficielle, si vous souffrez de crises de panique et/ou d'asthme, vous constaterez que cette posture vous aide à renforcer votre système respiratoire et à venir à bout de vos problèmes respiratoires. Cependant, le poisson est formellement contre-indiqué lors d'une crise d'asthme.

- L'étirement vers l'arrière des épaules est excellent si vous avez le dos voûté et/ou si vous êtes assis toute la journée devant un ordinateur.

Le poisson augmente l'énergie dans la région du cou et des épaules.

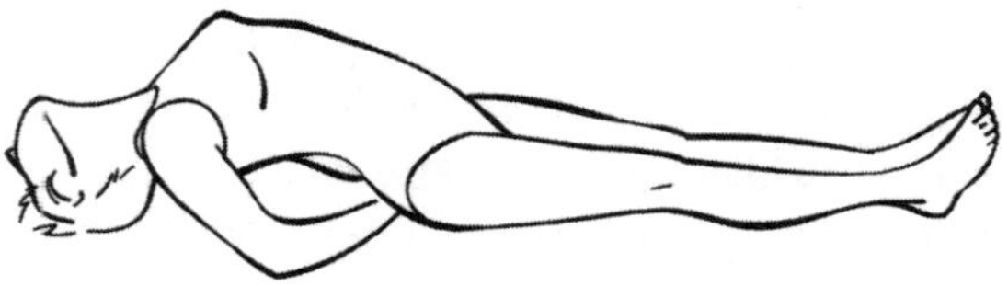

figure 28 le poisson

Comment effectuer le poisson

1) Allongez-vous sur le sol, les jambes tendues devant vous. Les jambes et les pieds sont rapprochés.
2) Posez les mains, paumes vers le sol, sous les fesses.
3) Pliez les coudes et enfoncez-les dans le sol pour cambrer le dos que vous décollez du sol. Posez doucement le haut de la tête sur le sol. Restez dans cette position, le poids du corps étant surtout réparti sur les coudes et pratiquement pas sur la tête ou la nuque (figure 28).
4) Profitez du déploiement de la cage thoracique pour respirer le plus profondément possible en soulevant bien les côtes. Imaginez que vos côtes sont les branchies d'un poisson qui s'ouvrent grand pour attirer l'oxygène et le prana dans votre corps.
5) Pour sortir de la posture, levez légèrement la tête et ramenez la nuque et le dos contre le sol. N'oubliez pas de vous détendre ensuite quelques instants dans la posture du cadavre (voir p. 97).

Nombre de fois/Durée : essayez de tenir 30 secondes environ avant de vous détendre sur le sol pour, peu à peu, arriver à 2 minutes.

Remarque : le poids du corps est placé sur les coudes et non sur la tête ou la nuque.

Mise en garde : cette posture est contre-indiquée si vous avez récemment eu un traumatisme cervical (coup du lapin, etc.), si vous souffrez d'hypertension ou de migraine.

Le cobra

Ressentez dans cette posture toute l'énergie du roi des serpents, qui ondule sur le sol en dressant son corps.

Quand l'effectuer : au début d'une série de flexions arrière.

Bienfaits de la posture du cobra

- Elle améliore la souplesse de la colonne et des muscles du dos.
- Elle aide à remédier à un dos voûté.
- Elle masse, tonifie et renforce les muscles du dos, surtout de la région lombaire.
- Elle masse les organes de l'abdomen.

figure 29 le cobra

Comment effectuer le cobra

1) Allongez-vous sur le ventre. Posez les mains à plat sur le sol, juste sous les épaules. Les doigts sont dans l'alignement des épaules.
2) En visualisant le mouvement d'un cobra qui se dresse vers le haut, commencez à onduler doucement le corps vers le haut et vers l'arrière.
3) Gardez le ventre contre le sol. Les coudes sont légèrement pliés et orientés vers l'intérieur.
4) Respirez profondément à plusieurs reprises dans la posture. Quand vous serez prêt, descendez le corps en déroulant doucement le dos.

Nombre de fois/Durée : les débutants resteront dans la posture pendant 10 secondes et, après un temps de repos, la répéteront 2 ou 3 fois. Les plus avancés essayeront de tenir 30 secondes.

Remarque : les épaules restent détendues, abaissées et loin des oreilles.

Mise en garde : cette posture est contre-indiquée en cas de grossesse. Cependant, il existe d'excellentes flexions arrière alternatives qu'il vaut mieux apprendre auprès d'un professeur de yoga spécialisé dans les femmes enceintes.

Le chien museau vers le ciel

Dans cette posture, que l'on confond parfois avec celle du cobra, on décolle pratiquement tout le corps du sol, qui repose sur les poignets et le bout des pieds.

Quand l'effectuer : avant ou après le chien museau vers le sol (voir p. 36) ou pour servir de transition entre des flexions avant et/ou des postures debout.

Bienfaits de la posture du chien museau vers le ciel

- Elle renforce les poignets, les bras et les épaules.
- Elle ouvre la cage thoracique.
- Elle étire la région lombaire sans exercer de pression sur aucune partie de la colonne.

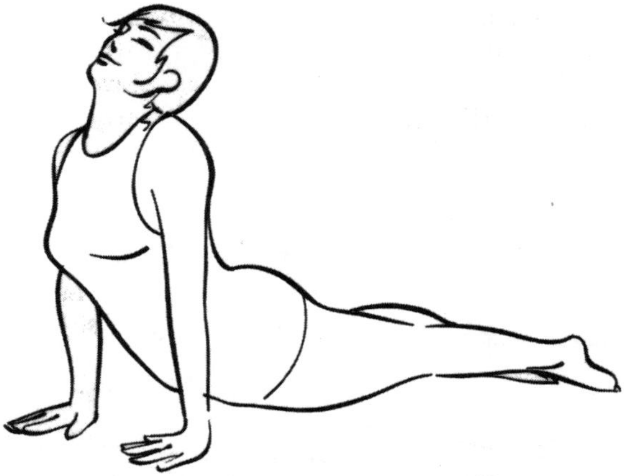

figure 30 le chien museau vers le ciel

Comment effectuer le chien museau vers le ciel

1) Allongez-vous sur le ventre et posez les mains à plat sur le sol, sous les épaules.
2) Tendez les bras pour décoller le buste, le bassin et les jambes du sol. Vous devez être en appui sur le bout des pieds et les mains.
3) Restez dans la posture, les genoux et les coudes tendus. Les épaules sont près des oreilles (figure 30).
4) Respirez profondément dans la posture en sentant le bas du dos suspendu en l'air.

Nombre de fois/Durée : les débutants resteront dans la posture pendant 10 secondes et, après un temps de repos, la répéteront 2 ou 3 fois. Les plus avancés essayeront d'arriver, peu à peu, à 30 secondes.

Remarque : le bout des pieds repose sur le sol.

Mise en garde : faites attention si vous avez des problèmes aux poignets.

La demi-sauterelle

Cette posture est parfois confondue avec celle de la sauterelle.

Quand l'effectuer : après le cobra, mais avant la sauterelle.

Bienfaits de la posture de la demi-sauterelle

- Elle renforce le bas du dos.
- Elle apporte de la souplesse à la région cervicale.

figure 31 la demi-sauterelle

Comment effectuer la demi-sauterelle

1) Allongez-vous sur le ventre, les bras tendus le long du corps.
2) Amenez les bras sous le corps et croisez les doigts des deux mains en gardant les coudes tendus.
3) Étirez le cou et posez le menton sur le sol.
4) Sur un inspir, levez la jambe droite (figure 31). Sur un expir, reposez la jambe sur le sol.
5) Répétez de l'autre côté.

Nombre de fois/Durée : essayez de tenir 10 secondes de chaque côté pour, peu à peu, arriver à 30 secondes. Faites cela 2 ou 3 fois.

Remarque : le bassin reste dans l'axe du corps pendant que vous levez une jambe et le menton ne décolle pas du sol.

Mise en garde : cette posture est contre-indiquée si vous êtes enceinte.

La sauterelle

Si vous avez du mal à garder les mains sous le corps dans la posture de la demi-sauterelle et dans celle-ci, essayez en plaçant les bras tendus le long du corps, les paumes face au sol.

Quand l'effectuer : immédiatement après la demi-sauterelle.

Bienfaits de la posture de la sauterelle

- Elle étire la région cervicale (le cou et le haut du dos).
- Elle renforce la région lombaire (le bas du dos).
- Elle masse les organes internes.
- Elle tonifie les muscles du bras.

Comment effectuer la sauterelle

1) Allongez-vous sur le ventre, les bras tendus le long du corps.
2) Amenez les bras sous le corps et croisez les doigts des deux mains en gardant les coudes tendus.
3) Étirez le cou et posez le menton sur le sol.
4) Faites trois respirations profondes pour vous préparer. Sur le troisième inspir, décollez lentement les deux jambes du sol aussi haut que possible (figure 32). Si vous débutez, les pieds ne seront peut-être qu'à quelques centimètres du sol. Avec une pratique régulière, vous constaterez néanmoins des progrès rapides.
5) Restez dans la posture en respirant profondément. Sur un expir, ramenez lentement les jambes au sol.

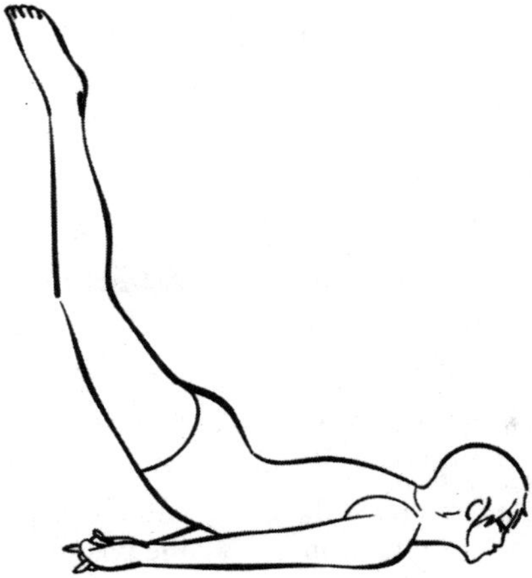

figure 32 la sauterelle

Nombre de fois/Durée : essayez de tenir 3 à 5 secondes pour, peu à peu, arriver à 30 secondes. Répétez 2 ou 3 fois.

Remarque : le menton ne doit pas décoller du sol.

Mise en garde : cette posture est contre-indiquée si vous êtes enceinte.

L'arc

L'arc combine plusieurs effets bénéfiques de la posture du cobra et de la sauterelle.

Quand l'effectuer : après le cobra et/ou la sauterelle pour en accroître les bienfaits.

Bienfaits de la posture de l'arc

- Cette flexion arrière sollicite l'ensemble de la colonne et tous les muscles du dos.
- Elle masse les organes internes.
- Elle contre les effets négatifs d'un travail assis devant l'ordinateur et/ou d'une tendance à voûter le dos.
- Elle ouvre la cage thoracique, ce qui est particulièrement bénéfique si vous souffrez d'asthme ou d'un autre problème respiratoire.

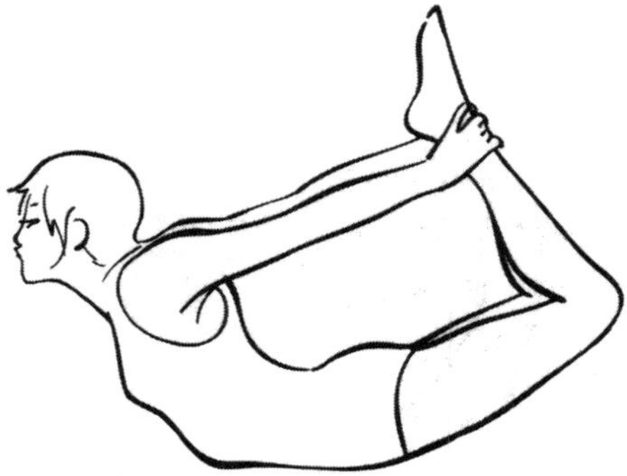

figure 33 l'arc

Comment effectuer l'arc

1) Allongez-vous sur le ventre.
2) Pliez les genoux pour lever les pieds.
3) Cambrez le dos pour attraper les chevilles avec les mains. Si besoin, aidez-vous d'une sangle ou d'une serviette que vous enroulerez autour des chevilles.
4) En gardant les coudes tendus, inspirez quand vous décollez la tête, le buste et les jambes du sol. Levez les jambes aussi haut que possible (figure 33). Respirez profondément dans la posture puis, sur un expir, ramenez lentement le corps au sol.
5) Détendez-vous quelques secondes avant de répéter l'arc.

Nombre de fois/Durée : essayez de tenir 10 secondes au début jusqu'à arriver, peu à peu, à 30 secondes. Répétez 2 ou 3 fois.

Remarque : les coudes restent tendus.

Mise en garde : cette posture est contre-indiquée en cas de grossesse.

La sauterelle sans appui

Si vous n'arrivez pas à tenir les chevilles dans l'arc, cette posture est une proposition alternative. Cependant, elle contribue plus à renforcer les muscles du dos qu'à assouplir le corps.

Quand l'effectuer : pour remplacer l'arc, après le cobra ou la sauterelle.

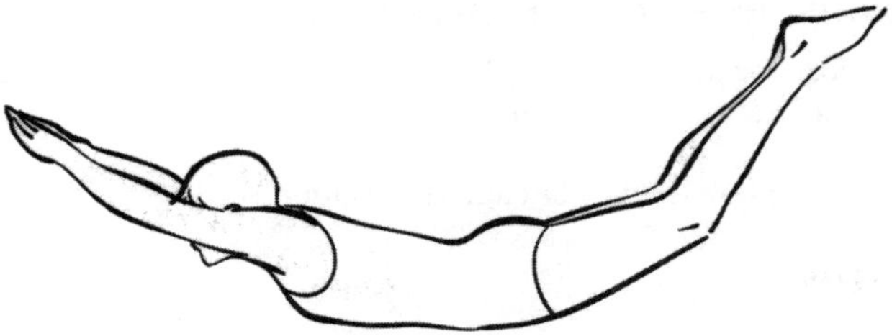

figure 34 la sauterelle sans appui

Bienfaits de la posture de la sauterelle sans appui

- Elle renforce les muscles du dos.
- Elle masse les organes internes.

Comment effectuer la sauterelle sans appui

1) Allongez-vous sur le ventre.
2) Étirez les bras devant vous en essayant de les garder contre les oreilles. Les jambes sont tendues.
3) Sur un inspir, soulevez le plus haut possible les bras, la tête, la poitrine et les jambes (figure 34). Respirez profondément dans la posture.
4) Ramenez le corps au sol. Détendez-vous quelques secondes et répétez la posture.

Nombre de fois/Durée : essayez de tenir 10 secondes au début jusqu'à arriver, peu à peu, à 30 secondes. Répétez 2 ou 3 fois.

Remarque : les bras restent tendus et près des oreilles.

Mise en garde : cette posture est contre-indiquée en cas de grossesse.

Le pont

Le pont est une flexion complète de toute la colonne vers l'arrière. L'ensemble du corps est tourné vers le ciel, ce qui incite à ouvrir sa conscience.

Quand l'effectuer : à la fin d'une série de flexions arrière.

Bienfaits de la posture du pont

- Elle procure au corps tous les bienfaits d'une flexion arrière.
- Elle renforce les bras tout en augmentant la souplesse de la colonne.
- Elle ouvre le bassin et la cage thoracique.

figure 35 le pont

Comment effectuer le pont

1) Allongez-vous sur le sol, les genoux pliés et les pieds posés à plat. Les pieds sont parallèles et le plus près possible des fesses.

2) Amenez les bras au-dessus de la tête et posez les mains de part et d'autre, les paumes plaquées au sol, les doigts orientés vers le corps.

3) À la fin d'un expir, soulevez le bassin puis le buste. Le haut de la tête est tourné vers le sol.

4) Tendez bien les bras quand vous accentuez la cambrure. Les mains et les pieds s'enfoncent dans le sol (figure 35). Vous ne devez pas sentir de compression au niveau des lombaires.

5) Respirez profondément dans la posture. Ramenez ensuite le corps sur le sol et détendez-vous.

Nombre de fois/Durée : essayez de tenir au moins 10 secondes au début jusqu'à arriver, peu à peu, à 30 secondes. Répétez 2 ou 3 fois.

Remarque : les pieds restent parallèles.

Mise en garde : cette posture est contre-indiquée si vous souffrez d'hypertension ou de glaucome. Faites attention en cas de traumatisme aux poignets ou aux épaules.

Le chameau

Cette posture procure nombre des bienfaits d'une flexion arrière extrême sans demander autant de force.

Quand l'effectuer : à la fin d'une série de flexions arrière, à la place du pont.

Bienfaits de la posture du chameau

- Elle étire vers l'arrière la totalité de la colonne et des muscles du dos.
- Elle est excellente pour ouvrir le bassin.

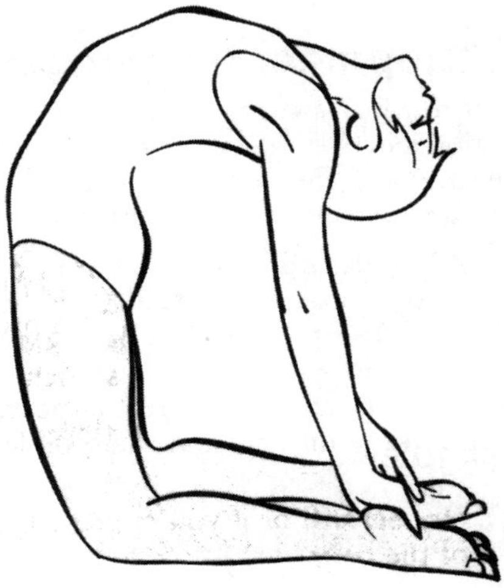

figure 36 le chameau

Comment effectuer le chameau

1) Asseyez-vous sur les talons dans la posture du diamant (voir p. 54-55).
2) Levez le bassin et le buste pour vous retrouver à genoux, le dos droit. L'idéal serait d'avoir les genoux joints mais vous pouvez, si besoin, les écarter légèrement. Les genoux et les pieds sont écartés de la même distance.

3) Attrapez le talon droit avec la main droite, puis le talon gauche avec la main gauche. Si c'est difficile, posez les mains à plat sur le sol derrière les pieds.
4) Laissez tomber la tête en arrière. Basculez le bassin vers l'avant pour accentuer la cambrure en sentant le sternum tourné vers le ciel (figure 36).
5) Respirez profondément dans la posture.

Nombre de fois/Durée : essayez de tenir 10 secondes pour arriver, peu à peu, à 30 secondes. Ramenez le haut du corps sur les talons. Détendez-vous dans la posture de l'enfant (voir p. 99). Répétez 2 ou 3 fois.

Remarque : aidez-vous du souffle quand vous restez en statique.

Mise en garde : faites très attention si vous souffrez de traumatisme aux genoux ou au cou.

Torsions : supprimer toute négativité

Les torsions font tourner le corps en éliminant toute impureté physique ou tension mentale. N'effectuez à chaque fois que l'une des torsions qui suivent. Débutez par la première ou la deuxième posture pour, ensuite, passer à une plus difficile.

Si vous vous sentez particulièrement raide ou bloqué, revenez à l'une des deux premières torsions, plus faciles. Le triangle retourné (voir p. 43-44) constitue aussi une excellente torsion à laquelle s'ajoutent les bienfaits qui résultent de l'étirement latéral.

La torsion simple

C'est une bonne posture si vous débutez ou êtes enceinte.

Quand l'effectuer : après des flexions avant et arrière.

Bienfaits de la posture de la torsion simple

- Elle entretient la souplesse entre chaque vertèbre.
- Elle masse les organes internes.

Comment effectuer la torsion simple

1) Asseyez-vous en tailleur (voir p. 54).
2) Posez la main droite sur le genou gauche et la main gauche derrière le dos, sur le sol ou un support (figure 37). Tournez le haut du corps vers la gauche, en gardant le dos droit, et regardez un point derrière l'épaule gauche.

figure 37 la torsion simple

3) Respirez profondément dans la posture. La colonne est perpendiculaire au sol et la tête dans l'axe du buste.
4) Relâchez la posture et répétez de l'autre côté.

Nombre de fois/Durée : essayez de tenir 10 secondes de chaque côté pour, peu à peu, arriver à 30 secondes.

Remarque : le dos est bien droit, perpendiculaire au sol.

La torsion simple une jambe tendue

Voici une autre posture très facile.

Quand l'effectuer : après des flexions avant et arrière.

Bienfaits de la torsion simple une jambe tendue

- Elle ouvre le bassin.
- Elle aligne la colonne.
- Elle masse les organes de l'abdomen.

Comment effectuer la torsion simple une jambe tendue

1) Asseyez-vous sur le sol, les jambes tendues devant vous.
2) Pliez le genou droit pour amener la jambe droite par-dessus la gauche. Posez le pied droit à plat sur le sol, le genou droit étant levé.

figure 38 la torsion simple une jambe tendue

3) Tournez le haut du corps vers la droite. Posez le bras gauche devant le genou droit, à l'extérieur. Appuyez contre le genou droit avec le coude gauche.
4) Posez la main droite sur le sol, derrière le dos, en gardant le dos bien droit (figure 38). Si vous ne parvenez pas à toucher le sol de la main, posez-la sur un support.
5) Relâchez la posture et répétez de l'autre côté.

Nombre de fois/Durée : essayez de tenir 10 secondes de chaque côté pour, peu à peu, arriver à 30 secondes.

Remarque : le dos reste bien droit.

Mise en garde : cette posture est contre-indiquée en cas de grossesse. Elle est un peu plus facile que la demi-torsion. Vous devez effectuer à la perfection cette posture et la précédente avant de passer aux suivantes, plus difficiles.

La demi-torsion

Cette torsion s'appelle, en sanskrit, ardha matsyendrasana ou posture de Matsyendra, du nom d'un des fondateurs du hatha-yoga.

Quand l'effectuer : après des flexions avant et arrière.

Bienfaits de la posture de la demi-torsion

- Elle aide à préserver la souplesse de la colonne et la mobilité sur le côté.
- Elle étire latéralement les muscles du dos.
- Elle masse les organes de l'abdomen.
- Elle stimule et purifie le chakra du plexus solaire.

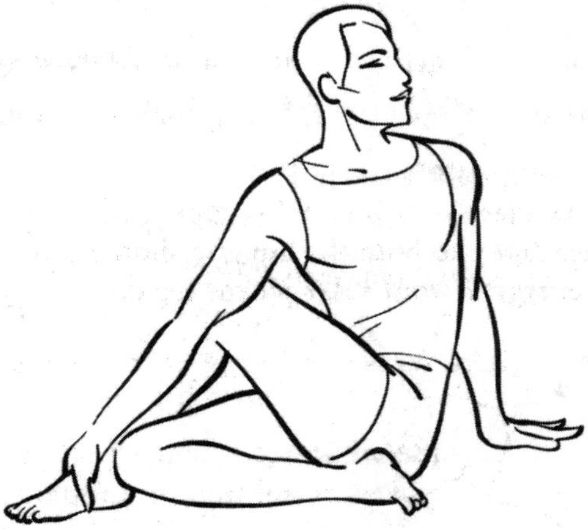

figure 39 la demi-torsion

Comment effectuer la demi-torsion

1) Mettez-vous à genoux sur le sol, assis sur les talons.
2) Amenez le bassin vers le sol, à droite des pieds.
3) Posez le pied gauche à plat sur le sol, à l'extérieur du genou droit, le genou gauche étant levé.
4) Étirez le bras droit, puis posez-le devant le genou gauche.
5) Attrapez le pied gauche avec la main droite. Si vous n'y parvenez pas, posez la main sur le genou droit (celui au sol). Regardez un point derrière l'épaule gauche, le dos bien droit (figure 39).
6) Respirez profondément dans la posture. Aidez-vous du souffle pour tourner à chaque fois un peu plus le haut du corps.
7) Relâchez la posture et répétez de l'autre côté.

Nombre de fois/Durée : essayez de tenir 10 secondes de chaque côté pour, peu à peu, arriver à 30 secondes.

Remarque : les fesses ne décollent pas du sol.

Mise en garde : cette posture est contre-indiquée en cas de grossesse. Il existe plusieurs variantes qui ne compriment pas le ventre, mais il vaut mieux les apprendre auprès d'un professeur de yoga spécialisé dans les femmes enceintes. Si vous avez une prothèse de la hanche, vous devez faire très attention en effectuant cette posture.

La torsion du sage

C'est la torsion la plus énergétique et la plus difficile.

Quand l'effectuer : après avoir maîtrisé une torsion plus simple.

Bienfaits de la posture de la torsion du sage

- Elle masse en profondeur tous les organes internes.
- Elle assouplit le bassin et les épaules.
- Elle apporte beaucoup d'énergie dans la région du plexus solaire.

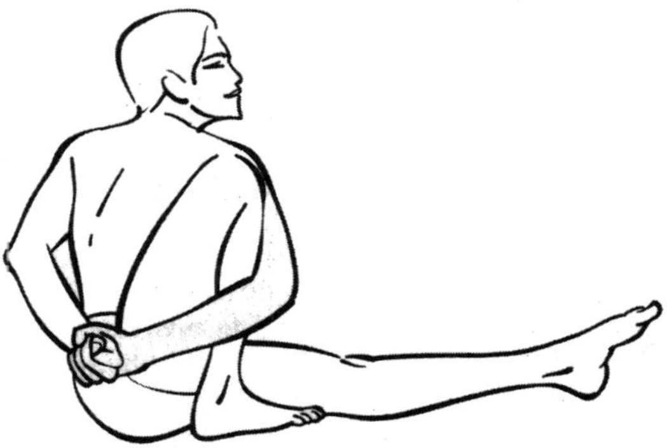

figure 40 la torsion du sage

Comment effectuer la torsion du sage

1) Asseyez-vous sur le sol, les jambes tendues devant vous.
2) Pliez le genou droit et amenez-le le plus près possible du buste. Posez le pied droit à plat sur le sol, le talon tout près du buste.
3) Tournez le haut du corps vers la gauche. Étirez le bras droit, puis enlacez la jambe pliée (droite).
4) Amenez la main gauche derrière le sol et essayez de tenir le poignet gauche avec la main droite (figure 40). Si vous n'y parvenez pas, aidez-vous d'une sangle.
5) Respirez profondément dans la posture. À chaque expiration, laissez le bas du corps s'enfoncer un peu plus dans le sol et étirez le haut du dos en laissant les mains se rapprocher. Relâchez, puis répétez de l'autre côté.

Nombre de fois/Durée : essayez de tenir 10 secondes de chaque côté pour, peu à peu, arriver à 30 secondes.

Remarque : respirez profondément pendant la posture.

Mise en garde : cette posture est contre-indiquée en cas de grossesse.

Variante pour pratiquants avancés

Le poignet tenu avec la main de l'autre bras, essayez de rapprocher le plus possible le menton du genou plié en gardant le dos droit.

La torsion latérale en position couchée

Cette torsion très simple mais efficace est recommandée si l'on se sent un peu raide et/ou tendu.

Quand l'effectuer : dès que vous sentez des tensions dans le bas du dos; après des flexions avant et arrière.

Bienfaits de la torsion latérale en position couchée

- Elle soulage les tensions du bas du dos.
- Elle étire en douceur les épaules.

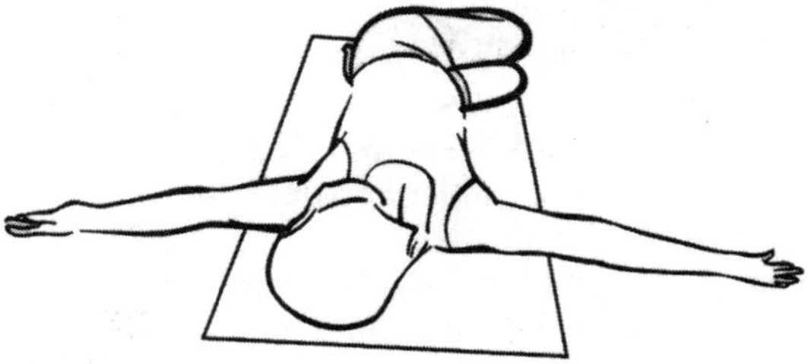

figure 41 la torsion latérale en position couchée

Comment effectuer la torsion latérale en position couchée

1) Allongez-vous sur le dos. Mettez les mains dans le prolongement des épaules.
2) Amenez les genoux contre la poitrine.
3) Roulez les hanches vers la droite, en essayant de toucher le sol.
4) Tournez la tête et regardez la main gauche, qui reste dans le prolongement des épaules (figure 41).
5) Restez dans la posture. Sur un expir, ramenez la tête et les jambes au centre. Répétez les points 2 à 4 du côté gauche.

Nombre de fois/Durée : essayez de tenir 10 secondes de chaque côté pour, peu à peu, arriver à 30 secondes.

Remarque : essayez de bien plaquer les hanches contre le sol.

Inversions : parvenir à une nouvelle vision de la vie

Se mettre la tête en bas amène à voir la vie sous un autre angle. Afin de tenir dans une posture inversée, il faut être pleinement présent, ici et maintenant. Le mouvement de la tête est plus limité et le champ de vue plus restreint. On devient alors plus conscient de soi, car notre être est moins sollicité par les distractions du monde extérieur. Les bras et la ceinture scapulaire jouent le rôle normalement dévolu aux jambes et à la ceinture pelvienne.

Les inversions favorisent la clarté de la pensée et la grâce du corps physique.

Les femmes qui ont leurs règles ne doivent pas faire de posture inversée.

La chandelle

Le nom sanskrit de la chandelle est sarvangasana, ce qui signifie « posture du corps tout entier ».

Quand l'effectuer : certaines écoles de yoga pratiquent la chandelle au début d'une séance d'asanas. D'autres traditions préfèrent la proposer à la fin, pour aider à la détente.

Bienfaits de la posture de la chandelle

- Quand vous tenez dans la posture, vous remarquez combien le menton appuie sur la gorge. La chandelle renforce et équilibre la glande thyroïde, qui se trouve justement dans le cou et qui contrôle le métabolisme et d'autres glandes endocrines.
- Elle aide à drainer le sang qui stagne dans le bas des jambes.
- Elle étire la région cervicale ainsi que les muscles des épaules et du haut du dos.
- Elle concentre l'énergie dans le chakra de la gorge.
- Elle aide à sortir d'une éventuelle léthargie mentale.

Comment effectuer la chandelle

1) Allongez-vous sur le dos. Vérifiez que vous êtes à au moins 1,5 mètre d'un mur. Amenez les jambes jointes au-dessus de la tête, à angle droit.

2) Posez les mains sur les fesses et amenez-les peu à peu sur le dos afin de soutenir le buste dans la posture. Amenez les jambes le plus possible à la verticale. Rapprochez les coudes et orientez les mains vers la colonne, les pouces enserrant la taille (figure 42).

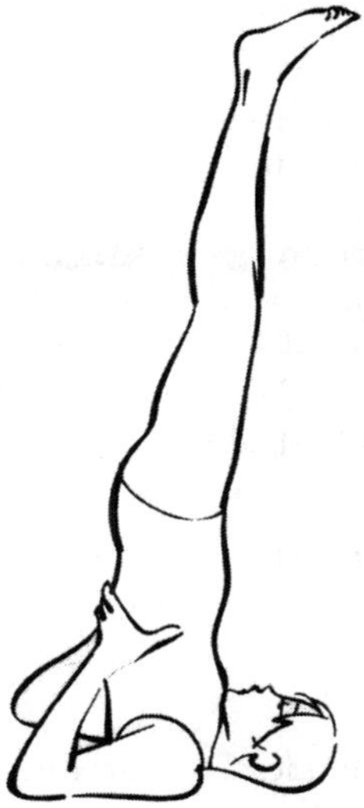

figure 42 la chandelle

3) Relâchez bien les mollets et les pieds. Restez dans la posture en respirant profondément.
4) Vous pouvez ensuite choisir de redescendre au sol ou de vous mettre dans la posture de la charrue (voir p. 86).
5) Pour redescendre, ramenez les jambes au-dessus de la tête. Posez les mains à plat sur le sol.
6) Sans décoller la tête du sol, déroulez lentement la colonne, vertèbre après vertèbre.

Nombre de fois/Durée : les débutants ne resteront pas plus de 10 secondes dans la posture. Si elle est confortable, vous pouvez, peu à peu, arriver à 3 minutes.

Remarque : on peut faire suivre la chandelle de la charrue.

Mise en garde : la chandelle est déconseillée si vous avez eu un traumatisme cervical (coup du lapin, etc.). Toutes les inversions, dont celle-ci, sont contre-indiquées pendant les règles. Si vous êtes enceinte de plus de quatre mois, vous pouvez peut-être faire une variante : la demi-chandelle, qu'il vaut mieux apprendre auprès d'un professeur de yoga spécialisé dans les femmes enceintes.

La charrue

La charrue est une excellente posture pour étirer toute la colonne, en particulier le haut du dos, et les épaules.

Quand l'effectuer : immédiatement après la chandelle et avant la table à deux pieds (voir p. 66) et le poisson (voir p. 67).

Bienfaits de la posture de la charrue

- Elle étire toute la colonne.
- Sa pratique régulière ralentit le vieillissement de la colonne.
- Elle aide, en cas d'insomnie, à mieux dormir.
- Le mental devient plus paisible, avec les idées claires.
- Elle améliore grandement la souplesse de la région cervicale : cou, haut du dos et épaules.

figure 43 la charrue

Comment effectuer la charrue

1) À partir de la chandelle, descendez une jambe sur un expir et posez le pied au sol derrière la tête. Sur un inspir, ramenez cette jambe à la verticale. Répétez avec l'autre jambe.
2) Descendez ensuite les deux jambes derrière la tête en essayant de toucher le sol.
3) Si vos pieds touchent le sol, amenez les bras derrière le sol, paumes contre le sol (figure 43). Si vous n'y parvenez pas, gardez les mains contre le dos, pour le soutenir.
4) Respirez profondément dans la posture. Pour finir, déroulez lentement le dos, vertèbre après vertèbre, sans décoller la tête du sol.

Nombre de fois/Durée : essayez de tenir 10 secondes pour, peu à peu, arriver à 1 minute.

Remarque : prenez votre temps pour dérouler le dos à la fin de la charrue.

Mise en garde : cette posture est contre-indiquée si vous êtes enceinte ou avez vos règles. En cas de cyphose (de courbure du dos vers l'extérieur), ne forcez surtout pas dans cette posture qui doit rester confortable.

Le dauphin

Cette posture prépare les bras et les épaules pour la chandelle.

Quand l'effectuer : avant le poirier ou à sa place.

Bienfaits de la posture du dauphin

- Elle renforce les bras et les épaules.
- Elle prépare physiquement et mentalement au poirier.

figure 44.1 le dauphin menton vers l'avant

Comment effectuer le dauphin

1) Asseyez-vous sur les talons, les genoux et les pieds joints.
2) Saisissez chaque coude avec la main du côté opposé. Posez les coudes au sol, en aplomb des épaules.
3) Sans bouger les coudes, libérez les mains. Croisez les doigts de vos deux mains devant vous. Les avant-bras forment à présent un tripode sur le sol.
4) Gardez la tête levée et tendez les genoux.
5) Sans bouger les mains ni les pieds, basculez le corps vers l'a[...] jusqu'à amener le menton au-dessus des mains (figure 4[...]

figure 44.2 le dauphin menton fermé

6) Redressez ensuite le plus possible le corps vers l'arrière (figure 44.2).

Nombre de fois/Durée : basculez le corps vers l'avant et vers l'arrière 8 à 10 fois. Détendez-vous dans la posture de l'enfant (voir p. 99) pendant quelques instants avant de répéter le dauphin.

Remarque : le poids du corps reste placé sur les coudes.

Mise en garde : si vos bras manquent de force et que vous êtes incapable de basculer le corps vers l'avant et vers l'arrière, faites juste les points 1 à 4.

Le poirier

Le poirier serait la « reine des asanas ». Si certains l'envisagent avec appréhension, d'autres y voient une posture tonique propre à remédier à de nombreux maux physiques, mentaux et spirituels. Une pratique régulière du poirier procure une abondante énergie rayonnante à la tête et à la partie supérieure du corps.

Cette posture n'est physiquement pas aussi difficile qu'il y paraît. Vous devez toutefois maîtriser au préalable le dauphin. Pour bien des personnes, le poirier demande plus que de la force physique. Sa pratique implique de faire face à ses peurs et aux limitations que l'on se crée, pour les surmonter.

Quand l'effectuer : n'importe quand si vous vous sentez fatigué et à la recherche d'énergie positive. Certaines écoles de yoga font pratiquer le poirier au début d'une séance d'asanas, tandis que d'autres préfèrent le proposer à la fin, pour aider à la détente.

Bienfaits de la posture du poirier

- Elle apporte un repos bienfaiteur au cœur et au système circulatoire en inversant la position du corps et en permettant à la gravité de faciliter le retour veineux vers le cœur.
- Elle favorise un ralentissement du rythme respiratoire tout en renforçant les systèmes sanguin et pulmonaire.
- Elle amène un surplus de sang riche en nutriments au cerveau, à la moelle épinière et au système lymphatique.
- Elle procure de la légèreté dans les postures.
- Elle aide à drainer le sang qui stagne dans le bas des jambes.
- Elle contre les effets de la gravité sur les muscles de l'abdomen et du visage.
- Elle apporte un surplus de sang à la tête et au cou.
- Elle apaise le mental.
- Elle améliorerait la mémoire.
- Elle augmente la confiance en soi et l'empathie envers autrui.
- Elle procure un meilleur « ancrage » dans la vie.
- Elle amène à tout considérer sous un aspect plus positif.

Comment effectuer le poirier

1) Asseyez-vous sur les talons, les genoux et les pieds joints.
2) Pliez les coudes et posez-les sur le sol, en aplomb des épaules. Saisissez chaque coude avec la main du côté opposé (figure 45.1).

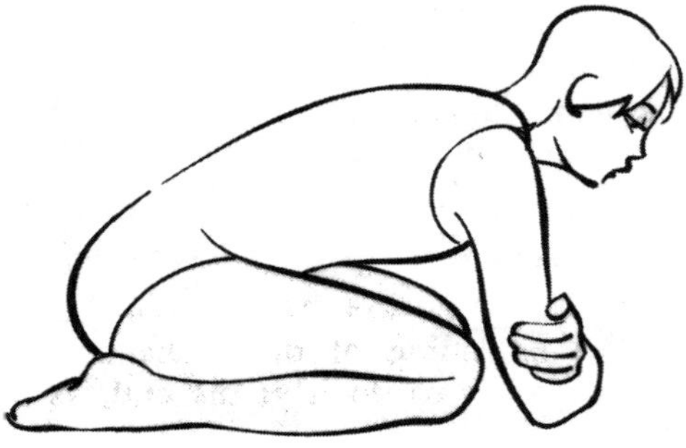

figure 45.1 le poirier

3) Sans bouger les coudes, libérez les mains. Croisez les doigts de vos deux mains devant vous. Les avant-bras forment à présent un tripode sur le sol. De cette manière, le poids du corps est plus placé sur les coudes que sur la tête ou le cou (figure 45.2).

figure 45.2

4) Posez le sommet de la tête sur le sol. L'arrière de la tête repose doucement contre les mains jointes (figure 45.3).

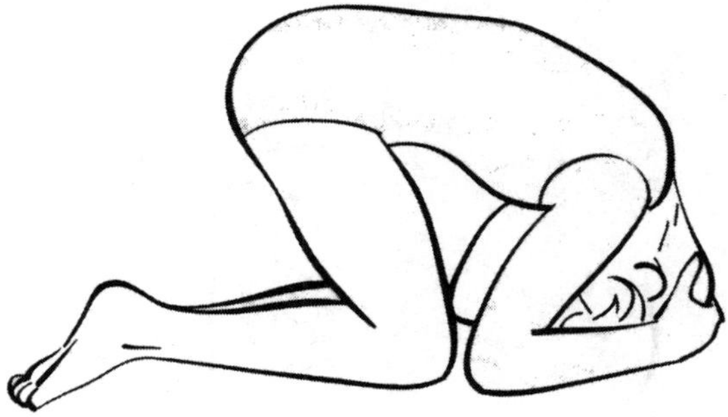

figure 45.3

5) Tendez les genoux sans bouger la tête ni les coudes (figure 45.4).

figure 45.4

6) Avancez peu à peu les pieds vers le corps jusqu'à ce que le bassin soit au-dessus de la tête. Les bras et la tête restent immobiles. Vérifiez que le poids du corps se trouve bien sur les coudes, et non sur la tête (figure 45.5).

figure 45.5

7) Pliez les genoux sans descendre le bassin. Il faut, pour cela, décoller les pieds du sol. Amenez les talons au niveau des fesses (figure 45.6). Respirez profondément dans cette position. C'est ce qu'on appelle le demi-poirier. Vérifiez que vous pouvez rester ainsi confortablement pendant au moins 10 secondes avant d'envisager le poirier complet.

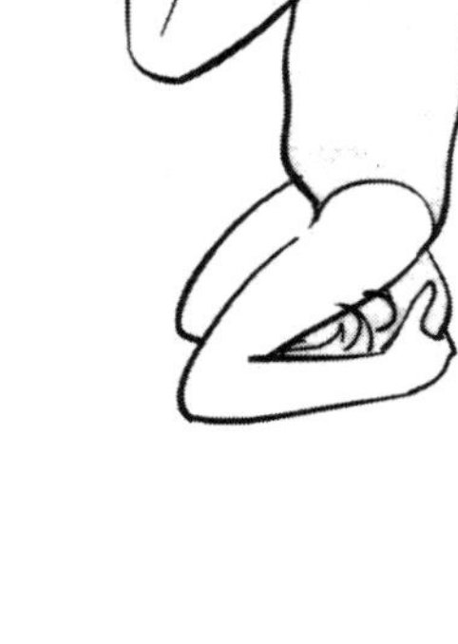

figure 45.6

8) En gardant les genoux pliés et les jambes jointes, amenez lentement les jambes vers le ciel (figure 45.7).

figure 45.7

9) Tendez les genoux et amenez les jambes vers le haut jusqu'à vous retrouver à la verticale. Le poids du corps est bien réparti sur les coudes (figure 45.8).

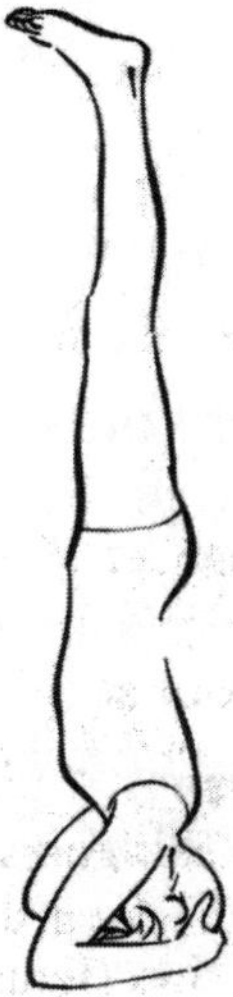

figure 45.8

10) Respirez profondément et restez dans la posture tant qu'elle est confortable. À chaque expir, sentez votre corps s'aider de la gravité pour tenir en équilibre.

11) Redescendez lentement en expirant et en pliant les genoux. Gardez la tête sur le sol, assis sur les talons, afin de bien détendre le cou et le dos pendant 2 à 3 minutes dans la posture de l'enfant (voir p. 99).

Nombre de fois/Durée : essayez de tenir 30 secondes pour, peu à peu, arriver à 3 minutes.

Remarque : si vous effectuez correctement le poirier, le poids du corps se trouve surtout sur les coudes et très peu sur la tête et/ou le cou.

Mise en garde : cette posture est contre-indiquée en cas d'hypertension, de glaucome, de décollement de la rétine, de rhume, de nez bouché ou si vous avez eu un traumatisme cervical (coup du lapin, etc.). Toutes les inversions, dont celle-ci, sont déconseillées si vous avez vos règles. Les femmes enceintes de moins de quatre mois peuvent effectuer une variante, qu'il vaut mieux apprendre auprès d'un professeur de yoga spécialisé. Ne faites jamais le poirier si vous êtes en fin de grossesse.

Le scorpion

Le scorpion est une posture avancée qui demande une grande concentration mentale et une bonne souplesse du haut du dos. Avant de tenter cette posture, assurez-vous que vous maîtrisez le poirier et que vous pouvez tenir, sans gêne, pendant au moins 3 minutes.

Quand l'effectuer : après avoir tenu le poirier pendant 3 minutes environ.

Bienfaits de la posture du scorpion

- Elle améliore le sens de l'équilibre.
- Elle renforce les bras.
- Elle apporte une grande souplesse aux épaules et au haut du dos.

Comment effectuer le scorpion

1) Mettez-vous dans la posture du poirier (voir les figures 45.1 à 45.8).

2) Pliez les genoux et cambrez le dos en vérifiant que le poids du corps est toujours sur les coudes (figure 46.1).

3) Décroisez les doigts et plaquez les mains contre le sol. Les avant-bras sont le plus possible parallèles (figure 46.2).
4) En levant les épaules, amenez les bras perpendiculaires au sol. Les épaules sont en aplomb des coudes. Redressez la tête au maximum (figure 46.3).
5) Pour sortir de la posture, rapprochez les bras, tendez les jambes et revenez dans le poirier. Descendez lentement le corps et détendez-vous pendant au moins 1 minute dans la posture de l'enfant (voir p. 99) avant de redresser le buste.

figure 46.1 le scorpion

figure 46.2

figure 46.3

Nombre de fois/Durée : essayez de tenir 10 secondes pour, peu à peu, arriver à 1 minute.

Remarque : le poids du corps se trouve sur les coudes avec les épaules reculées au maximum.

Mise en garde : cette posture est contre-indiquée si vous avez vos règles, êtes enceinte ou avez eu un traumatisme au cou.

Postures de relaxation : se détendre

Des muscles relâchés fonctionnent plus efficacement et s'étirent plus facilement. Quand on est détendu, on risque moins de se blesser. C'est pourquoi il faut veiller à bouger lentement, dans un état de pleine conscience, avec un mental apaisé.

Les exercices de yoga procurent de nombreux bienfaits, dont la capacité d'évacuer toute tension pouvant siéger dans les muscles pour faire place à une énergie régénératrice. Comme en acupuncture ou en shiatsu, la stimulation de points subtils, lors de la pratique d'asanas, lève des blocages dans les canaux d'énergie subtile. Une fois cette énergie libérée, la détente du corps permet à celle-ci de circuler à nouveau librement dans tout le corps.

Le cadavre : une relaxation complète du dos

Quand vous effectuez des asanas, oubliez tout le reste. Soyez pleinement présent à ce que vous faites. La posture du cadavre crée un état de détente propice au corps et à l'esprit.

Quand l'effectuer : au début, au milieu et à la fin d'une pratique ainsi que dès que vous vous sentez particulièrement tendu ou stressé.

Bienfaits de la posture du cadavre

- À chaque inspir, sentez que vous amenez un peu plus d'oxygène et d'énergie subtile dans votre corps. À chaque expir, visualisez une partie de la tension du corps en train de disparaître.
- Elle élimine l'acide lactique produit par les muscles lors de la pratique.
- La relaxation complète (physique, mentale et spirituelle) qui en résulte permet de tourner le regard vers l'intérieur et, de ce fait, vers le Soi supérieur.

figure 47 le cadavre

Comment effectuer le cadavre

1) Allongez-vous confortablement sur le dos. Il vaut mieux que la tête repose directement sur le sol mais, si le dos est sensible, vous pouvez placer un coussin ou une serviette roulée sous chaque genou.
2) Écartez les jambes d'au moins 60 cm en limitant la cambrure du dos.
3) Relâchez les pieds et les orteils et laissez-les tomber vers l'extérieur.
4) Écartez bien les bras à environ 45° du corps.
5) Les paumes sont face au ciel. Laissez les mains se détendre, les doigts étant légèrement repliés.
6) Fermez les yeux (figure 47).

7) Respirez doucement en étant pleinement conscient de l'air qui entre et sort par les narines.

8) Respirez par le ventre, sans tension ni effort. Sentez celui-ci qui se soulève à chaque inspir et redescend à chaque expir.

9) Pour éliminer toute tension résiduelle, remuez les épaules et tournez la tête sur les côtés, puis ramenez le corps dans l'axe et détendez-vous sans bouger, le corps lourd.

10) Vérifiez de temps à autre que le corps est bien abandonné sur le sol. Si vous trouvez la moindre tension, imaginez que vous l'expulsez à chaque expir.

Nombre de fois/Durée : 5 minutes si vous débutez la pratique, 5 à 10 minutes si c'est à la fin, et le temps nécessaire pour que le cœur retrouve un rythme paisible, lent, et que le souffle s'apaise si c'est entre deux asanas ou groupes d'asanas.

Remarque : les yeux restent fermés. Concentrez-vous sur la respiration pour évacuer toute pensée parasite pendant la relaxation. Vous pouvez, pour vous aider, compter chaque temps de l'inspir et de l'expir.

Mise en garde : si vous êtes enceinte, faites à la place la posture de bébé Krishna (voir p. 100).

La relaxation sur le ventre

Cette posture permet de relâcher le dos après des postures qui l'ont mobilisé vers le sol.

Quand l'effectuer : entre deux postures vers le sol, dont les flexions avant.

Bienfaits de la relaxation sur le ventre

- Les mêmes que ceux de la posture du cadavre.

figure 48 la relaxation sur le ventre

Comment effectuer la relaxation sur le ventre

1) Allongez-vous sur le ventre.
2) Posez vos deux mains l'une au-dessus de l'autre.
3) Tournez la tête sur un côté et posez la joue sur vos mains.
4) Joignez les orteils et laissez tomber les talons vers l'extérieur (figure 48).
5) Faites la même respiration abdominale profonde que pour la posture du cadavre.
6) Sentez à chaque inspir le ventre qui pousse doucement contre le sol.

Nombre de fois/Durée : restez 1 à 2 minutes dans la posture entre deux asanas effectuées vers le sol.

Mise en garde : cette posture est contre-indiquée en cas de grossesse.

L'enfant

L'enfant est une excellente asana en soi ainsi qu'une posture préliminaire avant le poirier et d'autres inversions comme le scorpion.

Quand l'effectuer : entre deux postures assises, avant et après le poirier ainsi qu'après le dauphin et le scorpion.

Bienfaits de la posture de l'enfant

- Elle détend le corps, physiquement et mentalement, en particulier tout le dos.
- Elle prépare au poirier.

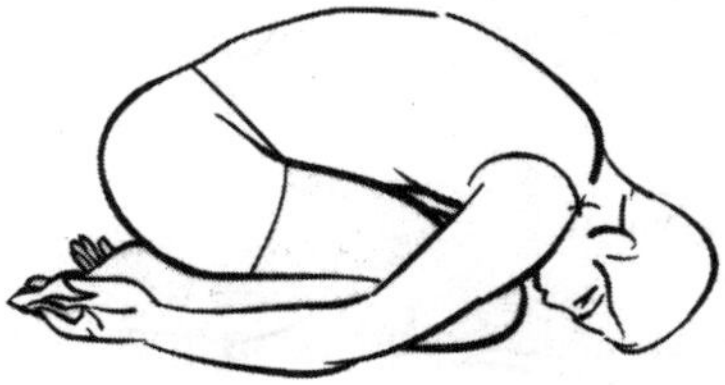

figure 49 l'enfant

Comment effectuer l'enfant

1) Asseyez-vous sur les talons dans la posture du diamant (voir p. 54-55) et posez le front sur le sol.

2) Si vous avez du mal à poser la tête sur le sol ou en cas de tension dans le corps, posez le front sur un coussin placé devant vous.
3) Amenez les mains le long du corps, paumes face au ciel (figure 49).
4) Sentez le corps s'abandonner complètement au sol.

Nombre de fois/Durée : 1 à 2 minutes.

Remarque : si la posture est correctement exécutée, vous ne devez ressentir aucune tension dans le bassin ou les pieds.

Mise en garde : écartez les genoux dans la posture si vous êtes enceinte.

Bébé Krishna

N'importe qui peut faire cette posture sur le côté, mais elle est particulièrement adaptée aux femmes enceintes. N'hésitez pas à ajouter des coussins ou des traversins si cela rend la posture plus confortable.

Quand l'effectuer : à la fin d'une pratique ou entre deux asanas, quand vous êtes allongé sur le sol.

Bienfaits de la posture du bébé Krishna

- Elle détend admirablement.

figure 50 le bébé Krishna

Comment effectuer le bébé Krishna

1) Allongez-vous sur le côté gauche.
2) Étirez le bras gauche devant la tête pour y poser la tête.
3) Pliez le genou droit et amenez-le devant le buste, sur le sol ou sur un coussin. La jambe gauche est allongée, le genou tendu mais non verrouillé.

4) Amenez le bras droit à hauteur de la tête, sur le sol ou sur un coussin (figure 50).

Nombre de fois/Durée : aussi longtemps que vous le souhaitez.

Remarque : le poids du corps se trouve sur les genoux et non sur le ventre.

Relaxation finale

Pour retirer le maximum de bienfaits d'une pratique, vous devez vous accorder à la fin une longue relaxation profonde. Commencez par vous mettre dans la posture du cadavre (voir p. 97). Vous allez peu à peu relâcher chaque partie du corps en la contractant puis en la relâchant.

1) Décollez le bras droit de 5 cm environ. Contractez-le puis laissez-le retomber sur le sol. Faites la même chose avec le bras gauche, la jambe droite et la jambe gauche, puis avec toutes les autres parties du corps : les fesses, le buste et les épaules. Roulez ensuite lentement la tête sur les côtés, 1 ou 2 fois, puis ramenez-la dans l'axe du corps.

2) Relâchez à présent mentalement tout le corps. Sans bouger le moindre muscle, concentrez-vous d'abord sur le bas du corps. Sentez vos orteils devenir lourds. Remontez peu à peu pour passer en revue les pieds, les chevilles, les mollets, les genoux, les cuisses et les fesses. Passez ensuite au buste : la partie du ventre sous le nombril, le haut du ventre, le bas du dos, le haut du dos, la région du cœur. Rien ne résiste à la détente. Sentez votre respiration devenir légère. Concentrez-vous à présent sur les doigts, les mains, les poignets, les épaules en remontant jusqu'au cou. Pour finir, lissez la peau du visage, laissez tomber la mâchoire, la langue, les paupières, lissez la peau entre les sourcils, le front, le cuir chevelu et terminez par le cerveau. Abandonnez-vous complètement à la détente.

3) Restez au moins 10 minutes dans la posture, en sentant le corps qui s'abandonne complètement au sol. Pour sortir de la posture, commencez par remuer les doigts et les orteils. Étirez les bras au-dessus de la tête. Baillez si vous en avez envie. Roulez la tête sur les côtés. Ramenez les jambes près du corps et relevez le buste ou, si vous préférez, roulez par le côté pour vous redresser.

Vous aurez peut-être envie, ensuite, de méditer (voir chapitre 5).

4

Le pranayama ou travail avec le souffle

Dans ce chapitre vous apprendrez :

- en quoi consistent les exercices de respiration yogique ;
- pourquoi il est important de respirer pleinement et profondément ;
- comment effectuer la respiration alternée par les narines ;
- comment respirer en kapalabhati.

Puis le pranayama permet l'arrêt du mouvement d'inspir/ expir et accroît l'énergie vitale. Le souffle devient prolongé et subtil. Ce qui voilait la lumière disparaît.

Yoga-Sutras de Patanjali, chapitre II, versets 49 et 52

Pranayama est un mot sanskrit que l'on peut traduire par « contrôle du prana par la respiration ». Le prana est le souffle vital, l'énergie cosmique. Il est analogue au qi chinois et au ki japonais. C'est une énergie subtile que l'on manipule en acupuncture, au shiatsu, au tai-chi et en réflexologie.

Nous utilisons souvent le pouvoir du prana sans le savoir. Si un enfant tombe, vous embrassez la région douloureuse pour chasser le mal, ce qui revient à transférer du prana. Si un de vos amis est malade, vous frottez doucement sa tête pour lui transmettre du prana. Si vous vous cognez le genou, vous soufflez instinctivement dessus et y posez vos mains pour ajouter un peu de prana…

Avec une pratique régulière, on parvient, grâce au pranayama, à manipuler consciemment l'énergie subtile, non physique, qui est en chacun de nous. En contrôlant sa respiration, on purifie et on renforce le corps physique tout en apaisant l'esprit.

Quel est l'intérêt du pranayama ?

Contrôler son esprit est peut-être l'une des choses les plus difficiles qui soient. Après avoir observé le lien intime entre le mental et le souffle, les anciens yogis ont abouti à la conclusion qu'il fallait travailler sur la respiration.

Si vous regardez une personne en paix, perdue dans ses pensées ou en train de méditer, vous remarquerez qu'elle respire lentement et régulièrement avec peut-être même de courtes phases de rétention. À l'opposé, quand l'esprit est en proie à des émotions négatives, la respiration devient rapide, irrégulière et instable. Ces observations montrent l'interdépendance et l'interaction qui existent entre le souffle et le mental.

De par sa nature, l'esprit a tendance à être instable. Il est constamment affecté par les images qu'il voit, entend et ressent. Le pranayama aide à focaliser le mental sur un seul point. Comme il chasse le stress, vous vous sentez plus en paix.

Grâce aux exercices de pranayama, votre corps devient robuste et votre santé s'améliore, votre visage resplendit et votre voix devient douce et mélodieuse. Une pratique régulière réveille la force spirituelle intérieure qui, à son tour, procure à l'esprit de la joie et de la paix.

Quand la respiration est instable, le mental est instable, quand la respiration est stable, le mental est stable et le yogi atteint l'immobilité. C'est pourquoi on doit maîtriser la respiration.

Hatha-Yoga Pradipika, chapitre II, verset 2

Aidez-vous du souffle pour combattre le stress

Le pranayama est le lien entre les disciplines mentales et physiques du yoga. Alors que l'action est physique, l'effet obtenu est de rendre l'esprit calme, lucide et stable.

Swami Vishnu-devanada

Votre manière de respirer influe grandement sur votre bien-être physique, mental, psychologique et émotionnel. Respirer donne la vie. Si vous ne respirez pas profondément, vous risquez de manquer d'oxygène pour métaboliser pleinement vos aliments et éliminer les toxines de votre corps. Si, comme chez tant de personnes, votre respiration est superficielle, vous n'utilisez que le tiers supérieur de vos poumons. Or on se fatigue facilement lorsque la cage thoracique est trop rigide, peu habituée à se déployer à chaque inspir. Une respiration superficielle favorise un état de stress et le risque de fréquents accès de dépression. Quand vous vous tenez le dos voûté, cela induit des tensions qui s'accumulent dans le haut du dos et le cou.

Observez-vous la prochaine fois que vous êtes dans une situation stressante. Vous remarquerez probablement que votre respiration devient plus rapide et superficielle. Au lieu de perdre votre calme ou de vous précipiter sur un verre ou une cigarette, prenez une grande bouffée d'oxygène. Vous aurez immédiatement les idées plus claires et serez mieux à même d'affronter le problème.

En respirant à fond, vous instaurez une base solide pour la pratique du yoga. Vous constaterez certainement que plus votre respiration est lente et profonde et plus vous devenez calme et centré.

Lorsque vous effectuez une technique de pranayama, vérifiez que vous respirez correctement. N'oubliez pas que l'inspir est dû à l'abaissement du diaphragme. Cela provoque un vide dans lequel s'engouffre l'air. À chaque fois que votre diaphragme se soulève, il expulse de l'air des poumons, ce qui déclenche un nouvel expir.

Styles de respiration

La respiration abdominale profonde

Commencez par vous allonger sur le dos. Posez une main sur le ventre (juste sous la taille). Respirez profondément et lentement par les narines. Sentez le ventre qui se soulève à chaque inspir et qui s'abaisse à chaque expir. Vous devez veiller à utiliser pleinement votre diaphragme afin d'amener l'air dans la partie la plus basse et vaste de vos poumons.

Faites cette respiration abdominale profonde pendant 5 minutes environ avant et après toute séance d'asanas. Vous y gagnerez en détente. Vous pouvez également vous allonger entre deux postures pour vous relaxer grâce à cette technique.

La respiration yogique complète

Vous devez au préalable maîtriser parfaitement la respiration abdominale profonde. Asseyez-vous, de préférence en tailleur, sur un tapis de yoga. Si vous n'êtes pas à l'aise dans cette position, placez un coussin sous les fesses pour soulager la tension dans le bassin et le dos. Posez une main sur le bas de votre cage thoracique, là où se trouvent les côtes « flottantes ». Elles bougent sous l'action des muscles intercostaux, qui s'étirent quand les côtes s'écartent, à l'inspir, et qui se contractent à l'expir. Ce mouvement permet aux poumons d'avoir toute la place nécessaire pour accueillir l'air.

Posez l'autre main sur le ventre. Vérifiez que cette zone se soulève elle aussi à l'inspir et s'abaisse à l'expir (figure 51).

Visualisez les poumons comme de longs ballons brillants. Généralement, quand on gonfle un ballon, la partie près de la bouche se déploie mais pas celle du fond. Inspirez profondément et sentez que le haut, puis le milieu et enfin le bas de vos « ballons » se remplissent d'air. Le ventre se soulève, puis la cage thoracique et enfin le haut du buste. Quand vous expirez, sentez le mouvement inverse dans les trois niveaux. Utilisez vos mains pour vérifier que vous respirez bien à fond.

figure 51 la respiration yogique complète

Vous devrez pratiquer cette respiration pendant plusieurs jours voire plusieurs mois avant de la maîtriser. Cet effort en vaut la peine.

N'essayez pas de faire un autre type de respiration avant d'être capable de respirer pleinement et profondément. Si vous n'avez pas l'habitude de ce type d'exercice, il vaut mieux apprendre ensuite la respiration alternée par les narines avant d'aborder la technique de purification en kapalabhati.

La respiration alternée par les narines pour rééquilibrer les énergies

La respiration alternée par les narines égalise le souffle. Elle aide à calmer l'esprit, chasse le stress et prépare à la méditation. Une pratique régulière purifie le corps, physique et subtil.

Avant de commencer cet exercice, faites l'expérience suivante. Placez une main sous l'une de vos narines et expirez. Faites de même de l'autre côté. Vous remarquerez probablement que votre respiration est plus forte d'un côté que de l'autre. Chez une personne en bonne santé, la respiration change de côté selon des cycles de 45 minutes à 2 heures. Étant donné que la partie droite du corps est sous le contrôle de la moitié gauche du cerveau, cela indique également que la prédominance de l'activité cérébrale change régulièrement. L'unique moment pendant lequel le souffle est le même des deux côtés, c'est pendant la méditation.

Afin d'équilibrer le souffle et d'apaiser l'esprit, les adeptes du yoga pratiquent la respiration alternée par les narines (*anuloma viloma*).

pratique préliminaire 1 – la respiration par une seule narine

figure 52 1 respiration par la narine gauche

figure 52 2 respiration par la narine droite

1) Fermez la narine droite à l'aide du pouce droit. Inspirez profondément par la narine gauche en comptant jusqu'à 4. Expirez en comptant jusqu'à 8. Répétez 10 fois de suite en vérifiant que vous utilisez bien la respiration yogique complète (figure 52.1).
2) Faites la même chose de l'autre côté. Fermez la narine gauche à l'aide de l'annulaire et de l'auriculaire de la main droite, l'index et le majeur étant repliés (figure 52.2). Répétez 10 fois de suite en vérifiant que vous utilisez bien la respiration yogique complète. Comptez jusqu'à 4 à l'inspir et jusqu'à 8 à l'expir.

pratique préliminaire 2 – la respiration par les narines sans rétention

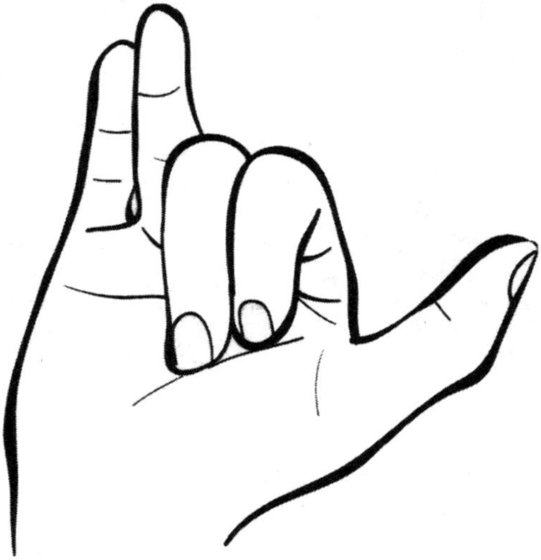

figure 53 Vishnu mudra

1) Amenez la main droite dans la position appelée Vishnu **mudra** (figure 53). Pour ce faire, repliez l'index et le majeur. Vous utiliserez le pouce pour fermer la narine droite et l'annulaire et l'auriculaire pour fermer la narine gauche.
2) Commencez par fermer la narine droite à l'aide du pouce de la main droite. Inspirez par la narine gauche en comptant jusqu'à 4 (figure 54).
3) Changez de côté. Fermez la narine droite à l'aide de l'annulaire et de l'auriculaire de la main droite. Expirez par la narine gauche en comptant jusqu'à 8 (figure 55).
4) Inspirez à nouveau par la narine gauche en comptant jusqu'à 4.
5) Expirez par la narine droite en comptant jusqu'à 8.

Vérifiez que vous utilisez bien la respiration yogique complète. Répétez cet exercice 10 fois par jour jusqu'à le maîtriser parfaitement. Vous serez alors prêt à passer à l'étape suivante.

figure 54 respiration par la narine gauche

figure 55 respiration par la narine droite

pratique préliminaire 3 – la respiration par les narines en demi-rétention

figure 56 rétention

1) Amenez la main droite en Vishnu mudra (voir figure 53). Expirez à fond par les deux narines.
2) Fermez la narine droite avec le pouce droit. Inspirez par la narine gauche en comptant jusqu'à 4 (figure 56).
3) Fermez ensuite également la narine gauche à l'aide de l'annulaire et de l'auriculaire. Retenez votre souffle en comptant jusqu'à 8 (figure 56).
4) Libérez la narine droite et expirez par cette dernière en comptant jusqu'à 8. La narine gauche reste fermée par l'annulaire et l'auriculaire (figure 55).
5) La narine gauche toujours fermée, inspirez par la narine droite en comptant jusqu'à 4.
6) Fermez les deux narines et retenez votre souffle en comptant jusqu'à 8.
7) Libérez la narine gauche et expirez par cette dernière en comptant jusqu'à 8. La narine droite reste fermée par le pouce.

Répétez cet exercice 10 fois par jour jusqu'à vous sentir prêt à augmenter la durée de la rétention.

La respiration alternée par les narines en rétention complète

Quand l'effectuer : uniquement lorsque vous maîtrisez les pratiques préliminaires.

Quand vous serez parfaitement à l'aise avec cet exercice, vous pourrez apprendre la respiration en kapalabhati.

Lorsque vous saurez faire les deux techniques, vous débuterez par la respiration en kapalabhati avant de passer à celle alternée par les narines. Pratiquez ces deux exercices avant chaque séance d'asanas ou de méditation.

Bienfaits de la respiration alternée par les narines en rétention complète

- Elle purifie et renforce tout le système respiratoire. L'air résiduel et les déchets produits sont éliminés par les poumons.
- Durant la phase de rétention, les échanges gazeux dans les poumons sont plus importants en raison de l'augmentation de la pression. Par conséquent, davantage d'oxygène passe des poumons pour se retrouver dans la circulation sanguine. De même, plus de

dioxyde de carbone et autres déchets produits passent du sang aux poumons pour être éliminés à chaque expir.

- La respiration par les narines s'alterne naturellement toutes les deux heures environ. Le souffle dans la narine droite est chaud, car c'est par elle que sort l'énergie solaire (*ha*) conduite par le canal subtil (*nadi*) appelé **pingala.** Il véhicule une énergie catabolique (libératrice) **rajasique** (dynamisante) pour tous les organes du corps. Le souffle dans la narine gauche est froid, car c'est par elle que sort l'énergie lunaire (*tha*) conduite par le canal subtil appelé **ida.** Il véhicule une énergie anabolique (accumulatrice) **tamasique** (inhibitrice) pour le corps. Cet exercice de respiration alternée permet de rééquilibrer les deux énergies.
- Elle équilibre les deux hémisphères du cerveau. Elle apaise le mental, ce qui rend plus lucide, stable et prêt à méditer.

Comment alterner la respiration par les narines en rétention complète

1) La main droite en Vishnu mudra (voir figure 53), fermez la narine droite à l'aide du pouce. Expirez complètement par la narine gauche.
2) En gardant la narine droite fermée, inspirez par la narine gauche en comptant jusqu'à 4 (voir figure 54).
3) Fermez également la narine gauche à l'aide de l'annulaire et de l'auriculaire (voir figure 56). Retenez votre souffle en comptant jusqu'à 16 (soit quatre fois la durée de l'inspir).
4) Libérez juste la narine droite et expirez en comptant jusqu'à 8 (soit deux fois la durée de l'inspir). La narine gauche reste fermée par l'annulaire et l'auriculaire (voir figure 55).
5) La narine gauche toujours fermée, inspirez par la narine droite en comptant jusqu'à 4.
6) Fermez les deux narines et retenez votre souffle en comptant jusqu'à 16 (voir figure 56).
7) Libérez juste la narine gauche et expirez en comptant jusqu'à 8. La narine droite reste fermée par le pouce (voir figure 54).

Cela constitue un cycle complet de respiration alternée par les narines en rétention complète.

Nombre de fois/Durée : répétez au moins 10 fois cet exercice chaque jour. Vous pouvez, si vous le souhaitez, augmenter peu à peu le nombre de cycles complets. Quand vous serez devenu plus avancé, vous pourrez là aussi en effectuer un plus grand nombre en respectant toujours un rapport de 1/4/2. Par conséquent, toute seconde d'inspir doit être suivie par 4 secondes de rétention et 2 secondes d'expir. Ne modifiez jamais ce rapport.

Remarque : utilisez toujours la main droite en Vishnu mudra quand vous pratiquez la respiration alternée par les narines.

Mise en garde : la rétention du souffle est contre-indiquée en cas de grossesse.

La purification du corps et de l'esprit en kapalabhati

Le terme sanskrit *kapala* signifie « crâne » et *bhati* veut dire « qui brille ». Dans cet exercice, vous utilisez le souffle pour purifier les systèmes pulmonaire et cardio-vasculaire. Avec une pratique régulière, kapalabhati chasse toutes les impuretés du corps. Votre visage resplendit de santé et irradie de l'intérieur.

Quand l'effectuer : au début d'une séance d'asanas ou avant de méditer. Cette technique de purification se pratique généralement avant la respiration alternée par les narines.

Bienfaits de la respiration en kapalabhati

- Elle nettoie les cavités nasales et le système pulmonaire dont bien sûr les poumons tout en renforçant et en augmentant la capacité respiratoire.
- Elle aide à drainer les sinus et évacue le mucus accumulé.
- Elle élimine le dioxyde de carbone et les autres impuretés en circulation dans le sang, ce qui permet aux globules rouges de transporter plus d'oxygène. L'apport accru d'oxygène enrichit le sang et favorise le renouvellement des tissus du corps.
- La montée et la descente du diaphragme et les contractions abdominales massent l'estomac, le foie, la rate, le cœur et le pancréas. La sangle abdominale est renforcée. La digestion s'améliore.
- Elle vivifie le mental et lui redonne des forces. Vous vous sentez plus vigilant et conscient en raison de l'afflux d'oxygène dans le sang. Cela provoque souvent un état d'euphorie et une clarté mentale plus vive.
- Elle accroît le prana qui siège dans la région du plexus solaire, là où votre être psychique se « recharge ».

Comment effectuer la purification en kapalabhati

Asseyez-vous de préférence en tailleur, le dos et la tête bien droits. Faites 2 ou 3 respirations profondes puis, après un inspir, débutez cette respiration exclusivement abdominale, en procédant de la manière suivante :

1) Contractez rapidement les muscles abdominaux. Cela soulève le diaphragme dans la cage thoracique, ce qui expulse l'air des poumons par les narines.
2) Relâchez les abdominaux. Le souffle libre, laissez venir une inspiration passive. Les poumons se remplissent automatiquement d'air.
3) Répétez cette contraction rapide des abdominaux. Terminez sur un expir, puis faites 2 ou 3 respirations profondes pour que votre souffle revienne à la normale. Cela constitue un cycle complet en kapalabhati.

Nombre de fois/Durée : commencez par faire chaque jour 3 cycles de 20 à 25 contractions abdominales. Augmentez peu à peu jusqu'à arriver à 3 à 5 cycles de 30 à 50 contractions abdominales.

Remarque : expirez quand vous contractez les abdominaux et laissez les poumons se remplir librement d'air quand vous relâchez le ventre.

Mise en garde : cette respiration est contre-indiquée en cas de grossesse, de hernie, de douleurs abdominales, d'hypertension artérielle ou de crise d'asthme.

Comme certaines personnes trouvent que la respiration en kapalabhati est difficile à apprendre, pourquoi ne pas envisager de vous la faire expliquer par un professeur de yoga ? Lorsque vous en aurez maîtrisé les principes de base, vous pourrez pratiquer seul et, bien sûr, régulièrement.

5

La philosophie du yoga

Dans ce chapitre vous apprendrez :

- l'importance de l'équilibre dans la vie ;
- comment agir en relation avec le monde extérieur ;
- comment améliorer votre relation avec vous-même ;
- ce qu'est une alimentation yogique ;
- comment jeûner.

Le yoga, ô Arjuna, n'est pas pour qui mange trop ni pour qui ne mange pas du tout, ni pour qui a l'habitude de trop dormir ou qui au contraire demeure toujours éveillé.

Bagavad-Gita, chant VI, verset 16

La modération en toutes choses

Le mode de vie préconisé par le yoga repose sur des habitudes simples et une pensée élevée. Si vous êtes l'esclave de votre estomac ou de votre besoin de dormir, vous trouverez difficile la pratique du yoga. À l'opposé, si vous vous affamez ou vous obligez à dormir le moins possible, vous ne trouverez pas la paix intérieure qu'est censé procurer le yoga.

Lorsque nos actes extérieurs sont équilibrés, notre joie intérieure augmente. Le yoga prône la modération en toutes choses. Vous devez nourrir votre corps et votre esprit pour avoir la force nécessaire de pratiquer. Il faut donc manger, mais pas trop. Parfois, le jeûne est recommandé, mais là aussi sans excès.

Essayer d'accroître ses capacités ne signifie pas s'imposer des postures douloureuses. Soyez bienveillant envers vous-même, ce qui ne veut pas dire pour autant complaisant. Maintenez un équilibre sain dans tous les aspects de votre vie. Vos propos doivent être mesurés. Exprimez cependant ce que vous avez à dire. N'ayez pas peur de parler.

Établissez un programme. Tenez un journal dans lequel vous noterez vos pratiques (voir l'annexe 2). Mener une vie réglée, mais non rigide, aide à prendre la vie du bon côté. En satisfaisant vos sens, vous satisferez votre esprit. Votre mental sera moins facilement agité. Le yoga est cette paix que l'on ressent quand l'esprit est libre de tout désir. C'est également la voie que l'on emprunte pour y parvenir.

Libérez-vous de toute pensée négative. Cultivez une attitude positive mais, là aussi, sans tomber dans l'excès.

De l'équilibre en toutes choses

Le yoga est comme une pierre précieuse à huit facettes. C'est un cheminement mystique où vous empruntez, à la fois, huit voies simultanées. Les asanas, le pranayama et la méditation sont trois de ces chemins, mais l'essentiel repose sur le type de relation que vous entretenez avec vous-même et avec autrui.

Quand on débute la pratique des asanas et du pranayama, on constate que le mental devient plus concentré et, souvent, plus puissant. Sans une intégrité et une discipline spirituelles, ces pouvoirs que vous découvrez en vous risquent de vous faire dévier de votre chemin. Un mental puissant, mais dépourvu de toute morale, peut vous nuire et nuire aux autres.

Les anciens yogis, qui avaient compris ce risque, ont prévu dans leur enseignement des instructions sur la manière de vivre. Ces règles à observer visent à purifier l'esprit et les motivations. Appelées yamas et niyamas, les premières sont des observances morales vis-à-vis d'autrui (honnêteté, non-violence, respect de la vie, continence et non-convoitise) et les secondes des observances morales vis-à-vis de soi-même (simplicité, pureté, contentement, étude et abandon de l'ego).

Les yamas et les niyamas constituent les bases de la pratique spirituelle. Si vous vivez conformément à ces valeurs, votre comportement et vos pensées évolueront dans une direction très positive.

Il ne s'agit pas de règles austères, mais plutôt d'une bonne analyse des potentialités de l'être humain. Les yamas et les niyamas proposent des limites et des règles générales à appliquer au quotidien pour vivre avec une conscience, une intégrité et une joie accrues. Le but n'est pas de susciter la peur d'un quelconque châtiment. Apprenez à respecter ces principes sans tomber dans une moralisation à outrance ni une discipline pure et dure.

Un mot sur le karma

Ce terme sanskrit est devenu tellement à la mode qu'il est souvent utilisé en dépit du bon sens. Il signifie « acte » au sens de loi des causes et des effets de tout ce que nous accomplissons. Le karma n'a rien à voir avec une quelconque destinée ou fatalité. Il ne s'agit pas non plus d'un châtiment pour nos péchés. Le principe du karma est simple. Si vous lancez une balle contre un mur, elle rebondira avec une force égale à la force avec laquelle vous l'avez lancée. Si l'on applique ce principe à sa vie, on comprend comment les conséquences de nos actes reviennent vers nous tel un boomerang.

Une autre manière de résumer le karma serait de dire : on récolte ce que l'on sème. Si vous plantez un pépin de pomme, vous obtiendrez un pommier. Par conséquent, si vous avez planté des pépins de pomme, ne vous lamentez pas s'il n'y a pas de cerises.

Appliqué au yoga, cela donne : pratiquez et récoltez-en les fruits. Ne vous résignez pas et ne pensez pas : « Je ne vais rien faire. » C'est impossible. Vous ne pouvez pas ne pas agir, ne serait-ce qu'une seule seconde. Si vous ne faites rien de positif dans votre vie, l'absence d'activité aboutira à des conséquences négatives.

Soyez pleinement responsable de vos actes. Ne blâmez pas les autres quand les choses ne vont pas comme vous le voudriez. Vous avez toujours le choix même si, parfois, il faut un certain temps pour en voir les résultats. Faites donc preuve de patience et ne baissez pas les bras.

Prenez le temps de comprendre les bases philosophiques du yoga. Vous pourrez ensuite, outre la pratique des asanas et du pranayama, mettre en œuvre ces principes dans votre vie de tous les jours.

N'oubliez pas !

Le yoga bien compris repose sur six qualités majeures :

1. la bonne humeur ;
2. la persévérance ;
3. le courage ;
4. la connaissance acquise par l'expérience personnelle directe ;
5. une croyance absolue dans les enseignements ;
6. la solitude (le temps nécessaire pour réfléchir).

Les yamas ou votre relation avec le monde

> ***La discipline (yama) consiste dans le respect de la vie, de la vérité, la non-convoitise, la continence et la retenue.***
>
> *Yoga-Sutras de Patanjali, chapitre II, verset 30*

Le yoga propose cinq yamas ou observances morales vis-à-vis d'autrui pour vous aider à mieux vous relier au monde qui vous entoure. Il s'agit de limites et/ou de règles de vie à respecter dans votre pratique. Elles vous aideront à vous simplifier le quotidien en étant en paix avec vous-même et le monde extérieur. Elles constituent une base éthique pour vos rapports en société.

Ahimsa

Ce terme sanskrit signifie « non-violence ». Le souci de ne faire aucun mal à autrui en pensée, en parole ou en acte transforme votre nature agressive et vous permet d'unifier votre conscience individuelle à celle de tous les êtres.

Si vous avez des rapports difficiles avec quelqu'un, pratiquez ahimsa avec cette personne. Tant que vous n'êtes pas capable d'aimer qui vous blesse ou vous ennuie, il vous sera difficile d'accéder aux états les plus profonds de la méditation. Vos sentiments négatifs se mettront en travers de votre évolution.

Ahimsa développe une attitude de révérence, de bienveillance et de compassion envers tous les êtres, animés et inanimés. C'est, plus qu'un simple refus de blesser autrui, un amour positif, cosmique, qui se manifeste par la capacité à être indulgent et à pardonner.

Vous exprimez de la violence quand vous montrez du mépris, éprouvez sans raison un rejet ou un préjugé envers quelqu'un, désapprouvez une personne ou en dites du mal, médisez, rapportez des commérages ou faites du tort à la réputation de quelqu'un de quelque manière que ce soit.

Ce yama n'est pas de la lâcheté, mais de la force et de la sagesse. Quand on pratique ahimsa, il faut parfois accepter d'être en butte à des insultes, des reproches, des critiques voire de l'agression. Attention cependant à ne pas confondre non-violence avec passivité. Si vous ignorez la violence et ne faites rien pour l'empêcher, vous y prenez part.

Commencez par contrôler votre corps physique, puis vos propos. Faites preuve de détermination : « À partir de maintenant, je ne dirai rien qui puisse blesser qui que ce soit. »

Soyez enfin conscient de vos pensées. Les pensées négatives sont bien plus dangereuses que les mots et les actes. Vous blessez autrui avec des pensées de jalousie, d'envie ou de haine. Le tort que vous vous causez est plus grave qu'une alimentation déséquilibrée, l'usage de la drogue, de l'alcool ou du tabac. Vous vous nuisez à vous-même avec une telle image négative.

Voici quelques questions à vous poser en rapport avec le principe de ahimsa :

1) Est-ce que je fais consciemment du tort à autrui ? Si ce n'est pas au sens propre, est-ce que je n'ai pas l'habitude d'avoir des pensées nuisibles ou de tenir des propos blessants ?

2) Est-ce que j'inflige à autrui ma négativité ?

3) Est-ce que j'ai tendance à porter des jugements ?
4) Est-ce que ma soi-disant non-violence ne masque pas, en fait, mes peurs et ma timidité ?

Satya

Ce terme sanskrit signifie « véracité, vérité, refus de mentir ». Il va toujours de pair avec la non-violence (ahimsa), car il faut exprimer sa vision de la vérité sans blesser qui que ce soit. La vérité n'est pas toujours facile à trouver, mais cette quête renforce l'esprit, l'intégrité et la résolution intérieure. Tant que vous n'avez pas « lâché prise », vous ne pouvez pas agir à partir de ce yama.

Le monde est relatif, mais la pratique du yoga, dont la méditation, aide à se mettre en phase avec la Vérité immuable. Malheureusement, nous avons tendance à penser que notre expérience constitue « la vérité ». Il existe, dans les textes yogiques, une analogie célèbre, dite du « poison et du ver ». Elle constate que les vers et les bactéries prospèrent dans un milieu qui tuerait d'autres espèces. Ce qui est du poison pour une personne peut être du nectar pour une autre. Le bien et le mal sont relatifs, mais la Vérité suprême ne l'est pas.

Rechercher la Vérité implique de s'analyser constamment et de voir comment on s'exprime. Satya survient quand nos paroles coïncident avec nos actes, quand nos propos et nos actes sont en phase avec nos pensées et que cela s'accompagne d'une attitude de non-violence.

Voici quelques questions à vous poser en rapport avec le principe de satya :

1) Suis-je prêt à affronter des vérités désagréables à mon propos ?
2) Est-ce que je fais des promesses que je ne tiens pas ?
3) Combien de fois est-ce que j'évite de « faire une scène » en me disant que je m'en moque alors que je suis vraiment contrarié ?
4) Est-ce que je me laisse entraîner à prononcer des paroles que je ne voulais pas dire ?
5) Est-ce qu'il m'arrive de dire des demi-vérités « anodines » ou de modifier la vérité pour servir mon propre intérêt ?

Asteya

Ce terme sanskrit signifie, au sens strict, le fait de ne pas voler, l'honnêteté. C'est une générosité indéfectible de l'esprit. Il existe bien des manières de voler. Si vous enseignez, faites attention à ne pas « voler » à vos étudiants la possibilité de comprendre par eux-mêmes en leur apportant trop d'informations. Un parent peut « voler » à ses enfants la faculté de devenir forts et libres d'esprit. On peut voler du temps, de l'affection, de l'espace, de la reconnaissance, des louanges, des idées, de l'énergie, de l'indépendance, du libre arbitre, etc. Si vous consommez trop, vous volez la Terre.

Lorsqu'ils devaient prendre une décision importante, les Amérindiens s'interrogeaient sur les conséquences de leur choix pour les sept générations à venir. Cela indique un respect remarquable du principe de asteya.

Dans la pratique du yoga, faites attention à ne pas être trop critique ni à vous comparer aux autres. Vous vous volez vous-même en vous sous-estimant et en désirant les capacités physiques des autres, leur beauté, leur jeunesse ou leur accomplissement spirituel.

Quand vous ne vous contentez pas de satisfaire vos besoins, mais que vous recherchez plus, vous entrez dans le domaine du vol. Prenez le temps d'écouter, dans votre for intérieur, ce dont votre corps, votre esprit et votre âme ont vraiment besoin.

Voici quelques questions à vous poser pour mieux comprendre le principe de asteya :

1) Est-ce que j'« emprunte » des choses (comme des livres) que j'« oublie » de rendre ?
2) Quel type de demandes est-ce que je fais aux gens ? Est-ce que je leur fais perdre leur temps ? Est-ce que je suis épuisant d'un point de vue émotionnel ?
3) Mon logement et mon mode de vie sont-ils en accord avec mes besoins ?
4) Est-ce que je me prive de joie ou de plaisir en étant trop critique envers moi-même ?
5) Est-ce que je prive les autres d'opportunités qui pourraient les aider à grandir ?

Brahmacharya

Ce terme sanskrit signifie « continence, s'abstenir de toute complaisance excessive qui aboutirait à un gaspillage de son énergie ». C'est la maîtrise parfaite des sens. Elle implique de résister à l'appel, extérieur comme intérieur, de la sensualité pour transcender la conscience du corps.

Brahmacharya n'est pas, à proprement parler, l'abstinence sexuelle. Pour comprendre cette notion, n'oubliez pas qu'il n'existe pas différents « types » d'énergie. Parler d'énergie sexuelle et d'autres formes d'énergie serait comme de dire, à la place d'électricité, électricité de la lampe, électricité du réfrigérateur, électricité de la télé, etc. En réalité, l'énergie est toujours la même. Vous pouvez choisir de l'utiliser pour différents objectifs. Si vous faites du yoga et que votre mental est devenu très puissant, utiliser cette énergie pure pour votre satisfaction sexuelle et celle de vos sens peut s'avérer dangereux. C'est peut-être là la cause de tant de scandales qui éclatent dans des organisations spirituelles où les chefs sont accusés d'utiliser à mauvais escient le pouvoir qu'ils ont gagné par leur pratique spirituelle.

Brahmacharya est l'art du contrôle de soi. Vous pouvez le voir comme le fait de cultiver le respect de vous-même et de votre partenaire. C'est s'abstenir de rencontres sexuelles dépourvues de sens qui vous videraient de votre énergie.

Une personne trop gourmande ne pratique pas brahmacharya, même si elle s'abstient de toute activité sexuelle. Il en va de même pour quelqu'un qui est incapable de tenir sa langue, qui gaspille beaucoup de temps et d'énergie à parler à tort et à travers. La pratique du yoga vous apprendra à contrôler votre énergie et à la canaliser de manière positive. Quant à savoir ce qu'il faut entendre par « positive », c'est à vous de voir.

Voici quelques questions à vous poser en rapport avec le principe de brahmacharya :

1) Est-ce que je gaspille de l'énergie créatrice en complaisances excessives ? Ou en pensées à leur sujet ?
2) Est-ce que je gaspille l'énergie des autres ?
3) Comment est-ce que je peux appliquer à ma vie le principe de brahmacharya ?

Aparigraha

Ce terme sanskrit signifie « non-acceptation du luxe et du superflu, refus d'accepter des cadeaux, des pots-de-vin ». C'est l'expérience de la plénitude et de l'abondance. Si vous vous sentez en parfaite harmonie avec vous-même, vous n'avez besoin de rien.

Vous pouvez parfois penser que vous avez besoin de quelque chose pour que votre vie soit accomplie. Vous croyez que vous seriez heureux si vous aviez une nouvelle voiture, un meilleur travail ou un partenaire parfait. Tout en accumulant des possessions et en les investissant d'une signification émotionnelle, vous pouvez très bien manquer de ce dont vous avez le plus besoin : des relations authentiques et profondes.

Dans la pratique du yoga, vous pouvez être tenté par une forme subtile d'avidité en pensant que vous seriez plus heureux si vous pouviez maîtriser de nouveaux types d'asana en forme de bretzel ! Vous feriez alors ce qui ressemble à du yoga, mais pour de mauvaises raisons.

Aparigraha met en garde contre l'acceptation de dons ou d'une hospitalité qui vous mettrait un « fil à la patte ». Le but du yoga est de vous libérer des liens de l'esprit. Si vous acceptez un pot-de-vin, même sous une forme émotionnelle, vous n'êtes plus libre.

Voici quelques questions à vous poser en rapport avec le principe de aparigraha :

1) À quel point suis-je dépendant ou détaché de mes possessions ?
   - Est-ce que cela me coûte de devoir partager des choses ou de l'espace avec d'autres ?
   - Est-ce que j'amasse des choses dont je n'aurai probablement jamais l'utilité ?
   - Mon logement est-il un vrai fouillis ?
2) Est-ce que je juge les autres à ce qu'ils ont amassé ?
3) Est-ce que je m'entoure de choses qui amélioreront l'opinion des autres sur moi ?
4) Suis-je avide de sensations et/ou d'expériences ?
5) Suis-je quelqu'un qui veut tout régenter ?
6) Comment est-ce que je peux simplifier ma vie ?

Les niyamas ou votre relation avec vous-même

Les observances (niyamas) sont la pureté, le contentement, l'ascèse, l'auto-observation et l'abandon au Divin.

Yoga-Sutras de Patanjali, chapitre II, verset 32

Ayant conscience de l'importance de la relation avec autrui et avec l'environnement, les anciens yogis ont également indiqué des règles à observer pour contrôler de manière positive les instincts et les émotions. Ces niyamas ou disciplines personnelles sont des attitudes constructives pour le pratiquant de yoga. Elles aident à analyser sa relation avec soi-même. Elles incitent à considérer le corps avec respect, sans tomber dans une attitude moralisatrice ou trop rigoureuse.

Les niyamas sont cinq principes personnels en rapport avec l'autodiscipline, qui encouragent à agir de manière positive en étant responsable de sa vie. Vous constaterez probablement que ces principes sont très dépendants les uns des autres.

Plutôt que de dire ce qu'il ne faut pas faire, ils incitent à essayer de cultiver le contraire. Vous pouvez mettre en action une telle suggestion quand vous voulez vous débarrasser d'une habitude néfaste ou d'une addiction. Par exemple, si vous avez voulu arrêter de fumer, vous avez probablement constaté que ça ne sert à rien de se dire : « Je ne vais pas fumer. Non, je ne prendrai pas une cigarette. » Quand vous vous dites cela, vous vous focalisez en fait sur la cigarette. Il vaudrait mieux, à la place, faire régulièrement des exercices de pranayama.

Concentrez-vous sur une action positive à la fois. Essayez de la faire avec une parfaite détermination. Quand vous répéterez cela de manière régulière, cela deviendra une habitude. Voyez comment, peu à peu, vous parvenez à un mode de vie plus heureux et sain.

Saucha

L'expression de l'âme augmente de manière proportionnelle avec le développement du corps et de l'esprit dans lequel il est enfermé.

Swami Vishnu-devananda, The Complete Illustrated Book of Yoga, page 19

Ce terme sanskrit signifie « pureté, purification extérieure et intérieure ». Vous créez un environnement pur pour vous-même, tant hors de vous qu'en vous.

Certains croient, à tort, que le yoga est un « culte du corps ». Pourtant, si le yoga ne diabolise pas le corps, il ne le glorifie pas non plus. Il faut en fait se rappeler que le corps est le véhicule de l'âme. C'est un instrument qui fonctionne mieux s'il est pur et fort. Si votre corps « tombe en panne », vous n'atteindrez pas votre but.

Saucha est une purification à bien des niveaux. Ce yama inclut la propreté physique : laver son corps, ranger son logement, manger sainement et de boire de l'eau pure. C'est également la clarté mentale ainsi que des propos dépourvus de toute obsession chargée émotionnellement et de toute addiction. Vous essayez de trouver un équilibre, dans votre vie, qui vous permet d'avoir les idées claires. Comme pour les autres yamas et niyamas, la pratique de saucha permet d'apprécier la plénitude du yoga.

Le corps physique est purifié par les asanas, le pranayama, les exercices de purification, une alimentation pure et le jeûne. Votre esprit et vos émotions sont libérés des impuretés psychologiques et sensorielles grâce à un service désintéressé, de la méditation, une pensée positive, une recherche philosophique et de l'étude.

Voici quelques questions à vous poser pour comprendre ce qu'est saucha :

1) Mes intentions sont-elles pures ?
2) Quels sont les aliments qui aident mon esprit à se sentir clair et léger ?
3) Qu'est-ce que mon logement et l'endroit où je travaille disent de l'état de mon esprit ?
4) Comment puis-je purifier mon corps, mes pensées et mes émotions pour que mon moi véritable puisse resplendir ?

Santosha

Ce terme sanskrit signifie « contentement ». Plus qu'une satisfaction passive, c'est un état de conscience mentale dans lequel vous appréciez l'aspect positif de chaque situation et de chaque être avec qui vous êtes en contact. C'est également une attitude dynamique et constructive qui aide à voir sa vie sous un nouvel éclairage.

Le principe de santosha vous aide à prendre conscience que c'est votre mental et votre attitude envers la vie qui « causent » en vous le bonheur ou l'absence de bonheur. Par exemple, supposons que vous êtes assis dans un bus et que quelqu'un pose tout à coup ses mains sur vos yeux. Vous pouvez vous mettre en colère ou avoir peur. S'il s'avère que c'est un ami que vous n'avez pas vu depuis longtemps, votre colère se transformera tout à coup en joie. Votre bonheur n'est donc pas la conséquence de ce qui vous arrive, mais celle de votre attitude envers ce qui survient.

Santosha signifie être content du présent et désireux d'améliorer l'avenir. Pensez au temps et à l'énergie que vous gaspillez en vous reprochant les erreurs que vous avez commises l'an passé, la semaine dernière ou hier. Une grande partie de votre énergie est probablement perdue à cause de pensées sur ce que vous n'auriez pas dû faire ou sur ce que vous auriez dû faire différemment. Ne vaudrait-il pas mieux apprendre, grâce à vos erreurs, et aller de l'avant plutôt que de vous laisser miner par ces pensées ?

Grâce à une méditation et une introspection quotidiennes, vous pouvez peu à peu comprendre intuitivement que le passé est le passé. Vous ne pouvez pas le changer. Ne serait-ce qu'une fraction de seconde après une action, vous ne pouvez plus défaire celle-ci. Une fois que vous avez dit quelque chose, vous ne pouvez plus le dé-dire.

Vous ne pouvez pas plus modifier le présent, cet instant fugace où le futur devient le passé. À l'instant précis où vous réalisez ce qui se passe, cette chose a eu lieu et appartient au passé. La compréhension et la pratique du contentement peuvent être une expérience libératrice. Cela permet de vous concentrer sur des améliorations positives dans votre vie et sur la manière de mieux utiliser votre énergie. Grâce à vos efforts dans le moment présent, vous pouvez modifier l'avenir avec une vigueur accrue parce que vous n'avez pas gaspillé votre énergie en ressassant le passé.

N'oubliez pas que vous avez des dons, des défis à relever et des manières de progresser dans la vie qui vous sont propres. Santosha incite à ne porter aucun jugement, à cesser de se comparer à autrui et à accepter d'être exactement ce que vous devez être, ici et maintenant.

La philosophie du yoga parle de quatre sentinelles qui gardent le domaine de la libération. Ces sentinelles sont :

- la paix;
- le contentement (santosha);
- une compagnie sage;
- une interrogation juste.

Si vous vous liez d'amitié avec l'un de ces gardes, vous vous trouverez en compagnie de chacun d'entre eux.

Demandez-vous :

1) Comment est-ce que le contentement est lié au fait de sourire?

2) Comment est-ce que le fait de sourire est lié au contentement?

Tapas

Ce terme sanskrit signifie « austérité volontaire ». Il résulte de l'allumage de la flamme intérieure purificatrice. C'est une limitation de l'esprit et de tous les sens. Par conséquent, le mental fait quelque chose dont il n'a pas vraiment envie ou ne fait pas quelque chose dont il a envie.

Tapas vise à vous aider à purifier et à renforcer votre esprit. Vous faites quelque chose de difficile afin de développer vos facultés mentales.

Si vous voulez que les muscles de votre bras soient plus forts, vous devez commencer par soulever des poids. Si, chaque jour, vous soulevez 100 fois 1 kilo, vous pourrez facilement passer à 2 kilos et augmenter progressivement. Vous renforcez vos muscles en leur donnant à faire quelque chose d'un peu difficile. Mais vous ne leur donnez pas quelque chose de si difficile qu'ils n'y parviendront pas.

Tapas demande à l'esprit de faire quelque chose d'un peu difficile afin d'augmenter la force mentale et la détermination. Par exemple, si vous êtes un bavard impénitent, vous demander de rester silencieux un jour par semaine sera un puissant tapas. Cependant, un tel tapas ne conviendrait pas à une personne timide, qu'il vaut mieux encourager à parler plus. Bien des personnes timides évitent de parler en public. Si c'est votre cas, alors ce tapas est pour vous. Si vous avez du mal à chanter en public, eh bien chantez ! Vous le ferez non pas parce que vous pensez devenir un grand chanteur, mais parce que c'est difficile pour vous.

Pour d'autres personnes, l'austérité concernera la nourriture. Certains ont du mal à jeûner, tandis que d'autres doivent se forcer pour manger. Si vous souffrez d'un trouble du comportement alimentaire, la pratique la plus bénéfique sera probablement de manger sainement, de manière équilibrée.

Quelle que soit la faiblesse propre à votre mental, ce yama vise à vous faire faire le contraire. Vous vous efforcez de faire ce qui vous coûte le plus au lieu de vous glorifier de votre faiblesse.

Tapas permet d'acquérir cette force en soi qui va de pair avec la non-violence. Cela vous donne la ferveur et une attitude inébranlable qui rend la compassion et l'indulgence possibles.

Choisissez quelque chose que vous ne pensez pas pouvoir faire. Faites preuve de détermination en décidant que vous allez y arriver. Ce peut être une asana qui vous pose problème, le fait de rester de bonne humeur pendant une semaine ou n'importe quoi de difficile pour vous. À la fin de la semaine, demandez-vous :

1) Jusqu'à quel point est-ce que j'ai réussi ?
2) Qu'est-ce que j'ai appris ?
3) Quelles sont les peurs (s'il y en a) que j'ai affrontées cette semaine ?
4) Quelle est la limitation que je suis parvenu à dépasser ? Cette limitation était-elle réelle ou artificielle et créée par mon esprit ?

Svadhyaya

Ce terme sanskrit signifie « étude », plus précisément l'étude des textes sacrés. Ce qui est demandé, c'est l'étude de soi par soi-même, à partir de soi-même, sur la nature de la véritable identité de son Soi.

Vous pouvez lire des ouvrages sur le yoga ou encore assister à des cours et des conférences. Ce type d'étude est important, car il donne accès à l'expérience d'autres personnes et constitue une source d'inspiration. Svadhyaya est plus que la simple accumulation intellectuelle d'informations.

Dans la tradition du yoga, on commence par écouter un professeur ou lire ses ouvrages pour, ensuite, réfléchir à ce qu'on a lu ou entendu. Une fois que l'on a compris, intellectuellement, le message, il faut méditer sur sa signification profonde.

Par exemple, supposons que vous vouliez vous rendre à Brive-la-Gaillarde. Vous avez entendu parler de cette ville et, même si vous ignorez où elle se trouve, vous sentez que vous voulez y aller. Si vous vous bornez à marcher, vos chances d'y arriver sont minces. Pour être sûr d'y arriver, il vaut mieux utiliser une carte et/ou demander quelle direction prendre. La carte et la direction constituent la théorie qui vous donne un repère précis et l'inspiration. Pour revenir au yoga, un livre comme celui-ci procure l'inspiration nécessaire pour commencer et poursuivre la pratique. Il est important de comprendre la théorie et de la mettre en application. Si vous vous bornez à pratiquer, vous risquez de faire fausse route.

Svadhyaya signifie également l'étude du mental. Parfois, quand on commence à faire du yoga, des pensées négatives surviennent. Elles peuvent s'avérer utiles si vous êtes capable de les étudier avec détachement. Apprenez à être un « témoin silencieux », regardez votre mental comme s'il s'agissait d'un film. Rapidement, vous comprendrez sa nature et saurez comment l'utiliser d'une manière positive.

L'annexe 2 renferme un exemple de journal des pratiques que vous aurez peut-être envie d'utiliser. La bibliographie en fin d'ouvrage (Voir *Pour en savoir plus*, p. 173), propose des lectures que vous aurez peut-être envie d'intégrer à votre pratique hebdomadaire.

Ishvara-pranidhana

Ce terme sanskrit signifie « dévotion au principe divin, à l'Absolu, lâcher prise pour abolir l'ego et trouver la paix ». Nous avons tous un ego, qui est ce que nous croyons être. (Remarquez que la définition de l'ego, au yoga, est très différente de celle proposée par la philosophie occidentale.) Votre ego vous fait croire que votre être physique est séparé de votre essence divine. Tant que vous avez un corps, votre ego agit comme une frontière qui définit qui vous êtes. Pour parvenir à une expérience universelle, illimitée, vous devez prendre conscience que toutes les frontières ne sont que des créations mentales. Le but du yoga est d'abolir ces frontières pour vous aider à transcender les limitations de l'ego. Ishvara-pranidhana vise également à vous unir à l'Infini. Lorsque vous vous détachez de l'ego, limité, vous avez accès à l'Infini.

Une bonne analogie serait celle du verre « vide » qui est, en fait, rempli d'air. Il n'y a aucune différence entre l'air dans le verre et à l'extérieur du verre. Si vous voulez que les deux se rejoignent, il suffit de casser le verre. Une fois celui-ci brisé, vous comprenez que la séparation n'était qu'une illusion. Votre ego est comme ce verre. Quand vous vous débarrasserez des limitations apparentes, vous réaliserez qu'il n'existe aucune différence entre ce qui est à l'intérieur et ce qui est à l'extérieur. Lorsque vous êtes dans un état de méditation profond, votre ego disparaît. Il n'y a plus que l'expérience d'une unification de la conscience individuelle à la conscience cosmique, absolue.

L'alimentation yogique

L'alimentation yogique repose sur une nourriture pure qui contribue à apaiser le mental et à aiguiser l'intellect. Mangez des aliments qui calment et qui nourrissent le corps. Un tel régime favorise la santé physique et bien plus encore. Il favorise la bonne humeur et la sérénité, et préserve un bon équilibre mental tout au long de la journée. Quand vous pratiquez le yoga, vous travaillez à bien des niveaux sur vous-même.

La pratique du yoga sera plus bénéfique si vous adoptez une alimentation végétarienne nutritive, en jeûnant de temps à autre, et en vous abstenant de toute habitude négative comme fumer.

Principes généraux de l'alimentation

- Mâchez lentement et consciencieusement chaque bouchée, car la digestion débute dans la bouche.
- Faites attention à ce que vous mangez. Savourez chaque aliment. Ne mangez pas en travaillant devant un ordinateur, en regardant la télé ou en parlant au téléphone.
- Limitez le grignotage entre les repas.
- Ne surchargez pas votre estomac. Remplissez-le à moitié de nourriture, à un quart de liquide et laissez le dernier quart vide.
- Maintenez une atmosphère paisible pendant les repas.
- Essayez parfois de manger en silence.
- Si vous prévoyez de modifier votre alimentation, faites-le progressivement.
- Remerciez pour chaque repas avant de manger.
- Mangez pour vivre et non l'inverse.

Les trois qualités (gunas) de la nature

La philosophie du yoga identifie trois qualités qui sont présentes à des degrés divers dans toutes choses de l'univers, y compris votre corps physique, votre esprit et vos émotions. Dans la pratique, il est donc important de vous nourrir à tous les niveaux.

Sattva

> ***Les nourritures qui alimentent la longévité, la vitalité, la force, la santé, l'euphorie et la joie, qui sont savoureuses, onctueuses, fortifiantes, et réconfortantes, sont celles qu'affectionnent les hommes de sattva.***
>
> *Bagavad-Gita, chant XVII, verset 8*

Sattva est un terme sanskrit qui signifie « force de pureté et d'équilibre ». Privilégiez une alimentation **sattvique** en mangeant des aliments purs, complets, naturellement délicieux, exempts de tout conservateur ou exhausteur de goût. Ce qui caractérise une personne sattvique, c'est sa bonne humeur, son esprit paisible et son contentement.

Quand vous mangez des aliments sattviques, votre corps est en meilleure santé et votre mental se libère de toute agitation excessive. Une alimentation sattvique comporte des fruits et des légumes frais et secs, des jus de fruits et de légumes purs, des fines herbes fraîches, des tisanes, des céréales complètes, des légumineuses, des fruits secs oléagineux et des produits laitiers bio. Ces aliments sont faciles à digérer et apportent un maximum d'énergie. Ils augmentent la vitalité et l'endurance du corps.

Si vous êtes ce que vous mangez, vos préférences alimentaires reflètent votre niveau de pureté physique et mentale. Lorsque vous progresserez dans la pratique du yoga, votre alimentation se modifiera probablement et vos envies d'aliments négatifs diminueront.

Rajas

> ***Les aliments amers, acides, salés, trop chauds, piquants, grossiers et brûlants sont ceux que préfèrent les êtres de rajas ; ils causent déplaisir, souffrance et maladie.***
>
> *Bagavad-Gita, chant XVII, verset 9*

Rajas est un terme sanskrit qui signifie « activité, mouvement incessant, passion ». Une alimentation rajasique rend le mental agité. Elle stimule le corps de manière excessive et contribue à troubler le corps et l'esprit. Si vous vous sentez nerveux et stressé, consommez moins d'aliments rajasiques. Ils ont tendance à détruire l'équilibre entre le corps et l'esprit, essentiel à la joie de vivre.

Une alimentation rajasique comporte des aliments très épicés, des oignons, de l'ail, du sucre raffiné, des boissons sucrées, du chocolat, des produits industriels, des aliments riches en produits chimiques et en conservateurs, le café et le thé.

Tamas

Les mets périmés, fades, fétides ou corrompus, voire des restes impurs, telle est la nourriture qui plaît aux êtres de tamas.

Bagavad-Gita, chant XVII, verset 10

Tamas est un terme sanskrit qui signifie « force d'inertie et d'ignorance, obscurité ». Avec tamas, les choses paraissent souvent différentes de ce qu'elles sont. Cette qualité induit de la lourdeur, de la léthargie et de la paresse. Les aliments tamasiques sont périmés, fermentés, brûlés, carbonisés, trop cuits ou trop souvent réchauffés. Ils comprennent les œufs, le poisson, les drogues, l'alcool et le tabac.

Une alimentation tamasique nuit au corps comme à l'esprit. Elle rend apathique, dépourvu de tout idéal et but dans la vie, privé de motivation. Manger trop est typiquement tamasique. Si vous souffrez de maladie chronique et/ou de dépression, essayez de limiter les aliments tamasiques.

Une alimentation non violente

En respectant le principe de non-violence (ahimsa), la plupart des pratiquants de yoga ont tendance à adopter une alimentation végétarienne. Quand vous mangez un animal, même si vous ne l'avez pas tué vous-même, vous participez à sa mort. L'adrénaline de l'animal se retrouve dans la viande puis en vous. Cela provoque une double souffrance : vous avez tué un animal et vous vous faites du mal. Cela nuit à votre corps, votre esprit et vos émotions.

Le jeûne

Jeûner peut accroître les bienfaits de la pratique de bien des manières. Le jeûne aide en effet à rétablir la santé et la vigueur. Il est souvent efficace alors que tout le reste a échoué. Il permet au système digestif de se reposer et au corps de se purifier en profondeur. Il élimine les déchets et les impuretés accumulés par le corps.

Pourquoi jeûner ?

- Toutes les traditions mystiques recommandent le jeûne, de préférence avec un guide, afin de renforcer la capacité à méditer.

En Inde, bien des personnes jeûnent deux fois par mois, le onzième jour qui suit la pleine lune et la nouvelle lune.

- Même un seul jour de jeûne repose le corps. Vous vous sentez plus léger.
- Lorsque le corps devient plus léger, le mental également s'allège.
- Le jeûne diminue les mécanismes de défense de l'ego, ce qui rend plus ouvert à l'inspiration divine.
- Jeûner est une manière simple de faire acte de volonté, ce qui rend le mental plus fort. De même que vous renforcez vos muscles en les faisant travailler, vous renforcez votre mental en lui demandant quelque chose d'un peu difficile, comme de ne pas manger.
- Le jeûne favorise la concentration et le développement de la force mentale.
- Jeûner prépare le corps à assimiler des médicaments naturels. Cela permet aussi au corps d'absorber des vibrations énergétiques supérieures et d'être pleinement conscient.
- Tout votre organisme est purifié. Lors d'un jeûne, l'énergie qui sert normalement à la digestion est disponible pour réparer le corps.

Quand jeûner ?

Choisissez un moment où vous ne devez pas travailler, où vous êtes le plus paisible, le week-end par exemple.

Essayez de jeûner un jour par semaine pour préserver votre santé et aider votre mental. Après une journée de jeûne, vous pouvez manger normalement dès le lendemain. Deux à trois jours de jeûne successifs sont conseillés plusieurs fois par an, surtout aux changements de saison. Le jeûne apporte au corps un nettoyage de printemps. Un jeûne d'une semaine ou plus procure une grande force spirituelle. Après le troisième jour, la faim disparaît. Cependant, si vous voulez jeûner longtemps, il faut absolument vous faire conseiller par un guide.

Comment jeûner ?

Jeûner signifie s'abstenir de toute nourriture, liquide comme solide. L'eau n'est pas un aliment. Elle ne stimule pas l'appétit et n'a pas besoin d'être digérée. Buvez beaucoup d'eau quand vous jeûnez. Cela aidera à purifier votre organisme.

Vous pouvez entreprendre un jeûne à base de jus de fruits ou de légumes. Cela semble plus facile que la seule absorption d'eau, mais c'est en fait plus difficile. En effet, les jus stimulent la digestion, ce qui donne encore plus faim. Cependant, comme cela stimule aussi le nettoyage de l'organisme, vous pouvez trouver que c'est plus bénéfique. Ne buvez que des jus frais, en les diluant avec de l'eau. Ne prenez aucun aliment solide ni fruit charnu, comme la banane.

Conseils pour jeûner

- Ne pensez pas à la nourriture et n'en parlez pas.
- Utilisez votre temps à des activités paisibles. Reposez-vous le plus possible. Essayez de tourner votre regard vers l'intérieur.
- Si possible, restez seul ou avec des personnes qui jeûnent comme vous.
- Buvez le plus possible d'eau pour nettoyer votre organisme.
- Faites des asanas pendant que vous jeûnez. Ils améliorent les bienfaits du jeûne en accélérant l'élimination des toxines.
- Respirez profondément. Le pranayama accélère la purification.
- Gardez votre corps chaud.
- Prenez souvent des bains pour détendre les muscles et favoriser la purification.
- Si vous avez mal à la tête ou des nausées, buvez de l'eau chaude avec un peu de jus de citron.
- Évitez le thé et le café. Les tisanes, en particulier à la menthe poivrée, sont utiles.

Rompre le jeûne

Cette phase finale est la plus importante de toutes. Même si vous avez une envie irrépressible de vous ruer sur la nourriture, essayez d'y résister. Commencez par manger lentement. Évitez les aliments trop lourds, comme le lait, juste après un jeûne.

Le premier jour, ne mangez que des fruits frais ou cuits. Ils sont faciles à digérer et aident à relancer en douceur le péristaltisme intestinal.

Le deuxième jour, ajoutez un repas de salade de crudités. Les fibres des légumes crus agiront comme un balai en évacuant les toxines accumulées dans vos intestins.

Le troisième jour, ajoutez aux fruits et aux crudités un peu de légumes cuits légèrement à la vapeur, sans sel ni autre assaisonnement. Appréciez leur saveur naturelle.

Le quatrième jour, complétez avec des céréales. À présent que vous avez repris une alimentation équilibrée, essayez d'éviter toute mauvaise habitude (café, thé, alcool, viande, etc.).

Mise en garde : ne jeûnez pas si vous êtes enceinte, si vous souffrez ou avez souffert de troubles du comportement alimentaire ou si vous êtes anémié. Si vous avez le moindre doute, demandez conseil à un médecin ou autre thérapeute professionnel.

6

La méditation ou le contrôle du mental pour lâcher prise

Dans ce chapitre vous apprendrez :

- **ce qu'est la méditation ;**
- **les bienfaits de la méditation ;**
- **les grands principes pour développer la pratique de la méditation ;**
- **les supports de concentration que vous pouvez utiliser pour méditer.**

Je suis dans la joie. Méditez. Chercher votre Soi, et vous le trouverez.

Swami Muktananda

Qu'est-ce que la méditation ?

Pour bien des personnes, méditer ne semble pas être une expérience ordinaire. Pourtant, tout le monde l'a probablement vécue à un moment ou à un autre de sa vie. En effet, la méditation est un état naturel, une expérience universelle – et une expérience d'universalité. Il y a de bonnes chances pour que vous ayez déjà médité sans le savoir.

Pensez à un moment où vous faisiez quelque chose qui vous plaisait vraiment. Nous avons tous des passions. Certains aiment la musique et peuvent l'écouter des heures durant. Quand l'esprit est absorbé par la musique, on se sent tellement en paix que le temps semble ne plus exister. D'autres ont peut-être eu l'expérience d'une lecture qui les a tellement captivés qu'ils en ont perdu toute conscience du monde extérieur. Ils n'entendaient plus le téléphone sonner ou n'avaient pas faim alors que c'était l'heure de passer à table et sont restés assis pendant des heures sans se sentir fatigués.

À de tels moments, vous êtes dans un état de conscience très proche de celui de la méditation. Votre expérience a probablement été très heureuse et paisible, mais votre conscience restait dans un état de « dualité ». Cela signifie que vous faisiez l'expérience de vous, en tant qu'individu, séparé du reste du monde. Votre esprit était sans doute très concentré, mais il l'était sur quelque chose d'extérieur à vous.

Essayez de visualiser cette expérience heureuse intensifiée de nombreuses fois. Imaginez que votre esprit devient tellement centré sur lui-même, unifié, qu'il n'existe plus aucune différence entre vous et cette expérience. La philosophie du yoga résume cela en disant que, lorsque vous êtes dans un état de méditation particulièrement profond, vous ne faites plus qu'un avec le monde qui vous entoure.

La méditation est une expérience qui ne ressemble à aucune autre. Elle est au-delà des limites de l'esprit. La conscience se dilate au-delà du temps et de l'espace vers un état d'unification absolue de la conscience individuelle à la conscience cosmique et de paix complète. Les yogis disent que la méditation est l'expérience de la véritable nature de soi. La Bible décrit cet état comme « la paix qui dépasse toute compréhension ». La méditation est une expérience de l'Infini qui ne peut être comprise intellectuellement ni définie par notre esprit fini.

La nature du mental

L'esprit est, par nature, limité et instable. La plupart d'entre nous sommes en proie, toute notre vie durant, à une succession incessante de pensées. Ce flot de pensées mine en profondeur notre conscience et nous procure bien peu de paix intérieure.

Dans la philosophie du yoga, l'esprit est souvent comparé à un lac ou à un océan où affluent les vagues, les unes après les autres. Lorsqu'une vague se retire, l'océan retourne à sa nature tranquille. Malheureusement, nous nous identifions plus aux vagues qu'à l'océan. Nous sommes tellement submergés par nos pensées que nous en oublions la réalité sous-jacente.

Notre esprit peut également être comparé à un livre qui n'est, en fait, qu'un assemblage de feuilles de papier. Si chaque page était arrachée et jetée, le livre cesserait d'exister. De la même manière, si chacune de nos pensées s'apaisait, notre mental cesserait d'exister. Cependant, le mental veut exister et il est très puissant. Il l'est probablement bien plus que ce que nous croyons. Notre esprit conscient est semblable à un iceberg doté d'immenses potentialités cachées bien en dessous de la surface.

Si vous êtes comme la majorité des hommes, votre esprit n'est jamais en repos. Ce mouvement incessant gaspille d'incroyables quantités d'énergie mentale. Cependant, dès que l'on commence à méditer et que l'esprit devient plus concentré, une partie plus grande encore de cette énergie devient disponible et peut être utilisée à profit.

On pourrait faire une autre analogie en comparant l'esprit aux rayons dispersés du soleil. Quand les rayons sont concentrés par le verre d'une loupe, ils sont capables d'enflammer à n'importe quoi. La méditation est semblable à une loupe. Dès que vous commencez à méditer, vous développez la capacité de vous concentrer. Vous pouvez puiser dans vos immenses ressources mentales cachées.

La méditation va au-delà de la simple concentration. Cependant, lorsque l'on commence à méditer, il faut essayer de concentrer son esprit. La concentration est le moyen, tandis que la méditation est le résultat lui-même. La méditation est une expérience de paix absolue. C'est l'état dans lequel l'esprit instable parvient à se mettre au repos pour ne plus faire que l'expérience de l'Infini ici et maintenant, dans ce Maintenant éternel.

La méditation est une expérience dynamique, lumineuse, et non une incapacité statique ou passive à se mobiliser. C'est un processus d'expansion, le moyen d'aboutir à une transformation personnelle totale.

Méditer, ce n'est pas :

- rêvasser ou bâtir des châteaux en Espagne ;
- penser, être dans un état contemplatif ou d'introspection ;
- se relaxer ou dormir ;
- une thérapie ;
- de l'auto-hypnose ;
- prier ou entrer en communion avec le divin.

Le but du yoga est l'« union » et non une simple communication.

Pourquoi méditer ?

Après avoir défini la méditation, la prochaine question logique à se poser est : « Pourquoi est-ce que je veux méditer ? » Une telle interrogation revient à se demander pourquoi on veut être heureux.

Tout le monde veut être heureux. C'est naturel. Cependant, chacun d'entre nous a une idée différente de ce qui apporte le bonheur. La plupart d'entre nous passons notre vie à chercher la chose ou la personne qui nous rendra heureux.

Vous pouvez, comme la majorité, penser que le bonheur vient de l'extérieur de vous, d'objets acquis ou d'un but atteint. Si vous demandez aux autres ce qui les rend heureux, la plupart vous répondront quelque chose du type « gagner au Loto ». Pourtant, des études sur les gagnants au Loto ont montré qu'ils ne sont pas, un an plus tard, plus heureux qu'avant. En revanche, la plupart sont moins heureux, car ils sont constamment importunés par des personnes qui leur demandent de l'argent.

Vous savez peut-être intellectuellement que le bonheur vient de l'intérieur. Pourtant, vous aurez tendance à continuer de penser que, comme vous ne le trouvez pas, il faut le chercher à l'extérieur, et attendre un miracle. Tant que vous penserez que votre bonheur peut venir de l'extérieur, vous chercherez au mauvais endroit. Vous pouvez, bien sûr, être heureux pendant un certain temps, mais dès que ce bonheur disparaît, vous partez généralement à la recherche d'une nouvelle satisfaction qui vous rendra heureux. Au bout du compte, à force de chercher pendant des années voire une vie entière, vous commencerez peut-être à comprendre que votre bonheur vient bien de ce qui est à l'intérieur de vous.

Il n'existe rien, à l'extérieur de vous, qui résiste à l'épreuve du temps et puisse vous apporter un bonheur durable. Quand vous méditez, vous commencez à comprendre qu'un bonheur profond, pérenne, vient de l'immobilité de l'esprit qui se libère, ne serait-ce qu'un instant, des pensées et des désirs incessants. La méditation est l'expérience de la joie et de la paix intérieure. Avec de la pratique, elle permet de voir ce qu'est vraiment la vie et ce qui rend heureux. Elle procure de puissants outils pour modifier ce qui doit l'être au lieu de simplement souhaiter que les choses soient différentes. Les techniques, toutes simples, de la méditation, aident à cultiver un état de stabilité, de force, de clarté, d'harmonie et d'ouverture.

Parabole yogique : à la recherche du bonheur

Un homme va dans un ashram et voit son gourou dans la cour, assis devant un tas de piments. Le gourou mange les piments les uns après les autres. Des larmes inondent son visage. Il répète sans arrêt : « C'est terrible. C'est terrible. »

Lorsque l'homme lui demande pourquoi il continue à se faire tant de mal, le gourou répond qu'il « cherche celui qui est doux ».

Ne sommes-nous pas tous à la recherche de “celui qui est doux”, de cette chose unique qui nous rendrait heureux ?

Apprendre à méditer est une priorité pour quiconque veut une vie heureuse et centrée. La méditation agit aux niveaux les plus profonds, ce qui permet des changements physiques, psychologiques, émotionnels, intellectuels et spirituels. En pratiquant la méditation, vous devenez capable d'agir simultanément sur plusieurs plans et de modifier votre manière de voir la vie. L'apprentissage de la méditation demande de développer des talents qui vous permettront de faire face à la vie d'une manière équilibrée, en ayant le cœur ouvert au monde.

Les bienfaits de la méditation

- Elle diminue le stress et l'anxiété, et soulage de nombreuses maladies liées au stress.
- Elle augmente l'intuition et l'empathie.
- Elle accroît les sentiments d'amour, de joie, de patience et de compassion en « ouvrant » le cœur.
- Elle permet d'avoir une conscience plus claire de son mental.
- Elle procure beaucoup d'énergie et de résistance.

- Elle permet de moins dormir tout en se sentant parfaitement reposé.
- Elle libère dans le corps des produits chimiques qui accélèrent la guérison.
- Elle apaise les sentiments de solitude, de déconnexion et d'isolement.
- Elle amplifie le pouvoir de concentration.
- Elle chasse la dépression.
- Elle favorise la capacité à rebondir, la créativité et la souplesse mentale.
- Elle aide à gagner en discernement sur la nature de l'esprit.
- Elle procure une expérience de paix intérieure si profonde qu'aucune circonstance extérieure ne peut la troubler. Vous devenez stable et équilibré en toute occasion.
- Elle améliore la capacité de vivre le moment présent, sans ruminer le passé ni s'inquiéter pour l'avenir.
- Elle permet d'avoir des ambitions plus nobles. La vie prend une dimension spirituelle.
- Elle aide à dépasser la douleur physique et mentale.
- Elle permet de comprendre que toutes choses, ici-bas, sont liées et de le vivre pleinement.
- Elle clarifie le quotidien.
- Elle donne accès à un calme intérieur.
- Elle encourage l'émancipation.
- Elle permet de faire abstraction des fluctuations incessantes du mental.
- Elle incite à un comportement moins réactif.

La méditation en pratique

Où méditer ?

Une personne habituée à méditer pourra le faire n'importe quand et n'importe où. Mais si vous débutez, il est important de disposer d'un lieu paisible. Vous pouvez créer votre propre espace de méditation chez vous ou préférer méditer au sein d'un groupe.

Si vous décidez de méditer chez vous, il vaut mieux trouver une pièce ou un coin que vous n'utiliserez qu'à cette fin. Au bout d'un certain temps, vous serez capable d'y sentir de puissantes vibrations paisibles. À chaque fois que vous vous installerez pour méditer, cette énergie vous apaisera. Vous trouverez cela particulièrement bénéfique lorsque vous serez plongé dans l'affliction ou préoccupé par un problème.

Quand vous vous préparez à méditer, rappelez-vous les conseils suivants :

1) Assurez-vous que la température de la pièce est agréable.
2) Vérifiez que la pièce est bien aérée.
3) Tamisez la lumière ou éteignez-la.
4) Choisissez un lieu tranquille, où aucun bruit extérieur ni aucune distraction ne viendront vous déranger.

Support de concentration

Prévoyez un autel ou un autre point qui servira de support à votre méditation. Bien sûr, le véritable point de concentration est votre conscience intérieure. L'utilité d'un support physique est de favoriser un état de paix quand le mental est agité, de stimuler une énergie positive quand le mental résiste et d'aider à parvenir à un état de conscience plus profond.

Le support de concentration peut être :

- une image (ou des images) qui vous inspire ;
- de l'encens ;
- une bougie ou une lampe à huile ;
- un tapis et/ou un coussin de méditation (le tapis isole le corps tandis qu'un coussin sous les fesses aide à garder le dos droit) ;
- des fleurs.

L'autel peut être dépouillé ou, à l'opposé, chargé. Ce peut être une simple table basse recouverte d'un tissu ou un autel plus personnel, avec des images et/ou des symboles qui élèvent l'esprit. C'est un espace très personnel qui remplira mieux sa fonction s'il reste propre, pur et dégagé de toute influence négative.

Images

Vous pouvez placer des divinités ou des images qui vous inspirent. Si vous avez un maître spirituel, sa photo vous aidera à vous rappeler ses enseignements. Les photos de proches risquent, quant à elles, de vous distraire de la pratique de méditation. Cependant, si l'une de ces personnes est malade ou a besoin de soutien, vous pouvez mettre provisoirement sa photo.

Bien des personnes posent des statues sur leur autel. D'autres préfèrent un symbole, comme un “OM” (voir p. 147), une croix, une étoile ou, plus simplement, une bougie et quelques fleurs.

Lumière ou bougie

La lumière est l'un des principaux symboles de l'éveil spirituel. Vous constaterez probablement que le fait d'allumer une bougie ou une lampe à huile avant de méditer vous aide à concentrer votre attention et votre mental.

Certaines personnes gardent en permanence une bougie allumée dans leur lieu de méditation, car elles trouvent que cela augmente les énergies positives. Ce n'est pas conseillé si vous avez de jeunes enfants chez vous. D'autres préfèrent utiliser cette lumière uniquement lorsqu'elles méditent. Le fait d'allumer une bougie ou une lampe à huile aide à envoyer une suggestion au mental : il est l'heure d'être centré et en phase avec la lumière intérieure.

Encens

Le bois de santal et tous les encens, en particulier l'oliban, apaisent et centrent le mental. La tradition indienne utilise le bois de santal tandis que l'Église, en Occident, préfère l'oliban. Des fragrances comme la rose, le patchouli et le jasmin stimulent le mental : leur odeur est très agréable, mais elles n'apaisent pas le mental en vue d'une méditation.

Tapis, plaid et coussin

Disposez un tapis ou un plaid devant l'autel ou votre support de concentration. L'idéal est d'être face à l'est ou au nord, pour tirer partie des vibrations magnétiques favorables de la Terre. Vous devez toutefois vous adapter à l'endroit où vous vivez.

Prévoyez un coussin, au cas où vous auriez besoin d'être plus confortable dans la posture de méditation.

Méditer en groupe

Il est facile de trouver un groupe qui pratique la méditation. Vous pouvez choisir cette solution si cela vous aide.

La présence d'autres personnes facilite la concentration grâce au pouvoir d'émulation du groupe. Vous pouvez même envisager de créer votre propre groupe de méditation.

> ***Dans la méditation, il y a une observation constante de l'esprit. Cela implique de prévoir un moment et un lieu dans le but spécifique de découvrir le puits de sagesse infini qui réside en son sein.***
>
> *Swami Vishnu-devananda,*
> *Meditation and Mantras, page 1*

Quand méditer ?

Si vous habitez dans un lieu en phase avec la nature, les moments les plus propices sont le lever et le coucher du soleil, quand l'atmosphère se charge d'une énergie particulièrement paisible. Cependant, en raison des aléas de la vie moderne, il est souvent difficile de pratiquer à de tels moments. Vous trouverez probablement plus facile de méditer le matin avant de commencer vos activités ou quand vous aurez terminé votre journée. L'un et l'autre se valent. C'est la régularité du moment qui compte le plus. Pour vous aider à tirer le meilleur profit de la méditation, réfléchissez aux points suivants :

- Si vous pratiquez au réveil, votre mental est probablement encore dans un état de pureté. Vous n'avez pas encore été impliqué dans les activités de la journée. Vous pouvez cependant préférer méditer le soir, quand vous avez enfin du temps pour vous et pouvez tourner le regard vers l'intérieur.
- Choisissez un moment où vous n'avez rien à faire ou à penser. Votre mental aura plus de facilité à s'apaiser. Par exemple, si vous avez des enfants et que vous devez les chercher à l'école à l'heure du déjeuner, ce n'est peut-être pas une bonne idée de pratiquer le matin.
- Essayez de méditer toujours au même moment de la journée. Votre mental associera ce rite à la méditation, ce qui vous aidera à pratiquer.
- Avant de commencer, décidez du temps que vous allez consacrer à la méditation et tenez-vous-y. Débutez par une période de 20 à 30 minutes.
- Vous constaterez probablement que, si vous méditez chaque jour une demi-heure, vous ferez face à la vie avec un esprit plus paisible et une force intérieure accrue. La méditation est un puissant tonifiant mental et nerveux. Des énergies subtiles circulent librement pendant la méditation et exercent une forte influence sur l'esprit, les nerfs et les sens. Elles donnent accès à la connaissance intuitive et à la paix intérieure. L'esprit devient calme et stable.
- Il est déconseillé de méditer l'estomac lourd.
- Si, pour une raison ou une autre, vous manquez une séance, faites en sorte de méditer le lendemain. Bien des personnes disent : « Je recommencerai la semaine prochaine. » Ne reportez pas à plus tard. Faites-le aujourd'hui.

Remarque : commencez dès à présent et pratiquez régulièrement !

Comment s'habiller ?

- Mettez des vêtements confortables, amples.
- Vous pouvez préférer une tenue spécifique, car les vêtements retiennent les vibrations. Si vous venez de l'extérieur, il vaut mieux vous changer avant de méditer.
- Un châle de méditation ou une couverture aident à conserver les énergies positives subtiles et isolent des énergies de l'extérieur.

Comment s'asseoir ?

1) Asseyez-vous sur un tapis ou un plaid et non directement sur le sol.

2) Installez-vous confortablement, le dos droit, de préférence en tailleur (voir p. 54). Cette posture aide à stabiliser le mental et favorise la concentration. Elle procure une base solide et aide à contenir le flot des énergies en les empêchant de s'échapper. La posture classique en lotus (voir p. 56) n'est pas impérative.

3) Il est important que le dos soit bien droit et que les genoux ne soient pas plus hauts que le bassin. Si vous avez du mal à rester en tailleur, placez un ou plusieurs coussins sous les fesses. Si vos genoux sont trop hauts, surélevez le bassin en plaçant, là aussi, un ou des coussins sous les fesses.

4) Si la posture assise sur le sol est trop inconfortable, asseyez-vous sur une chaise à dossier droit. Posez les pieds devant vous, à plat sur le sol. Ne croisez pas les jambes.

5) Vérifiez que le dos et le cou sont droits, mais non crispés, afin que l'énergie puisse monter librement le long de la colonne.

6) Fermez les yeux et tournez le regard vers l'intérieur.

7) Amenez les mains dans le geste appelé jnana mudra en posant l'extrémité des pouces contre celle des index. Relâchez les autres doigts (figure 57.1). Posez le dos des mains sur les genoux ou joignez les mains dans le giron. Vous pouvez alors placer la main gauche par-dessus la main droite (figure 57.2) ou croiser les doigts (figure 57.3).

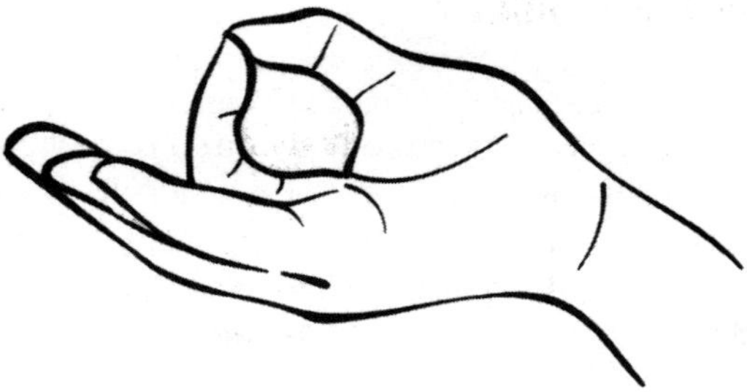

figure 57.1 jnana mudra

figure 57.2 jnana mudra

figure 57.3 les doigts sont croisés, les mains posées dans le giron

8) Respirez par les narines, la bouche fermée. Sans jamais forcer, commencez par plusieurs respirations profondes pour amener plus d'oxygène au cerveau. Ralentissez ensuite le plus possible votre rythme respiratoire. Vous constaterez que votre métabolisme, vos ondes cérébrales et votre respiration se ralentissent au fur et à mesure que votre concentration augmente.
9) Laissez le souffle devenir régulier, la durée de l'inspir étant égale à celle de l'expir.

10) Au début, l'esprit sera distrait, perturbé par des pensées parasites. Avec de la pratique, le mental deviendra plus calme et plus concentré. N'essayez pas de l'obliger à être calme. Vous ne feriez que créer des tensions et nuire à la méditation. Soyez doux, mais ferme.

11) Choisissez une partie de votre corps sur laquelle vous voulez que votre mental se pose, comme un oiseau sur une branche. Les débutants ont intérêt à prendre la région du cœur ou le centre du front. Le centre énergétique de la région du cœur est appelé **anahata chakra.** Nous en reparlerons p. 151. Le centre énergétique situé entre les sourcils est appelé **ajna chakra** ou, plus communément « troisième œil » (voir p. 151).

12) Commencez et terminez par une prière ou une phrase qui vous inspirent.

Le calme intérieur et un état d'esprit plus clair et plus stable surviennent plus facilement si vous commencez par une prière, un poème ou une phrase qui vous inspirent. Le choix sera fonction de la tradition que vous préférez. En débutant ainsi, vous vous mettez en phase avec l'énergie divine, cosmique. Asseyez-vous confortablement. Récitez une prière ou un court texte. Prenez la résolution de rester assis pendant une demi-heure, puis commencez à méditer.

Après la méditation, dites là aussi une prière ou un court texte. Ensuite, levez-vous. Si c'est le matin, vous commencerez la journée pleinement détendu, l'esprit plus serein. Si c'est le soir, vous constaterez probablement que vous n'aurez aucun mal à vous endormir et à vous réveiller le lendemain frais et dispos.

Utiliser le souffle

Le souffle est votre compagnon le plus intime. Il vous accompagne tout au long de votre vie. Il est le médiateur entre votre corps et votre esprit, et réagit instantanément à vos émotions et à vos pensées.

Quand vous êtes assis pour méditer, une technique courante et excellente consiste à porter votre attention sur la respiration. Les bienfaits sont nombreux, car le mental et le souffle sont étroitement liés. Afin de le constater par vous-même, faites cette expérience. Asseyez-vous dans une pièce tranquille et placez un réveil sur un côté. Tranquillement assis, essayez de compter les tic-tac du réveil. Vous constaterez que plus vous êtes concentré pour les entendre et plus votre respiration se ralentit.

Si vous avez regardé, un jour, un chat qui essaye d'attraper un oiseau, vous aurez remarqué qu'il donne l'impression de ne plus respirer du tout. C'est parce que, dès que l'on se concentre sur quelque chose, chacun (même les chats) ralentit instinctivement sa respiration.

Lorsque vous aurez compris cette relation entre le mental et le souffle, vous pourrez en tirer profit. Essayez l'exercice suivant.

Exercice de méditation : s'aider du souffle pour apaiser le mental

1) Asseyez-vous confortablement dans la posture de méditation de votre choix (voir p. 54-56).

2) Vérifiez que le dos est bien droit. Amenez les mains dans l'une des positions de la page 143.

3) Fermez les yeux et faites plusieurs respirations profondes. Portez votre attention sur le souffle qui va et vient. Ne forcez pas et veillez à ce que cela reste agréable, paisible. N'essayez pas de modifier ou de ralentir votre respiration. Contentez-vous de l'observer en silence.

4) Suivez le parcours de votre souffle. Sentez-le sur la lèvre supérieure. Voyez comment il pénètre par les narines. Sentez-le descendre dans la gorge, le long de la trachée et jusqu'aux bronches où il arrive dans les alvéoles.

5) Sentez que votre souffle s'arrête une seconde, puis que l'inspir cède le pas à l'expir. Suivez le souffle qui quitte vos poumons, remonte jusqu'à la gorge et sort par les narines. Percevez un peu d'air sur la lèvre supérieure. Remarquez que le souffle s'arrête alors une seconde, juste avant que l'expir cède le pas à un nouvel inspir.

6) Sentez que vous accueillez de la joie de vivre à chaque inspir et que vous expulsez des émotions et des impuretés à chaque expir.

7) Percevez le ventre qui se soulève et qui redescend. N'essayez pas de « respirer ». Laissez survenir librement le souffle. Laissez-le envahir tout votre corps.

8) Observez votre souffle. Écoutez-le. Concentrez votre esprit et tous vos sens sur lui. Si des pensées surviennent, ramenez votre attention sur la respiration. Le souffle est votre support de concentration le plus naturel. C'est aussi votre meilleur allié pour une attention profonde, soutenue. À chaque fois que votre esprit se met à errer, ramenez votre attention sur le souffle. Avec un peu de pratique, votre mental se fixera, de lui-même, sur votre respiration.

9) Lorsque le mental est pleinement attentif au souffle, les pensées et les soucis s'évanouissent. Visualisez votre esprit comme l'eau d'un lac. Quand le lac est agité par des vagues, l'eau devient trouble. Mais dès que le vent et les vagues disparaissent, la boue retombe peu à peu et l'eau redevient limpide. De même, quand l'esprit se libère des vagues incessantes de pensées parasites, il retrouve sa lucidité et son discernement.

Durée : essayez de rester assis au moins 20 à 30 minutes chaque jour en portant complètement votre attention sur la respiration.

Se concentrer sur le son

Au commencement était le Verbe,
et le Verbe était auprès de Dieu,
et le Verbe était Dieu.

Évangile selon saint Jean, chapitre I, verset 1

Pour la plupart d'entre nous, il est plus facile de penser à un son qu'à un autre type d'image mentale. Par exemple, vous n'aurez probablement aucune difficulté à « entendre » la chanson des Beatles *Yellow Submarine* si je vous en parle.

Une odeur ou un goût particuliers sont plus difficiles à évoquer. Essayez, par exemple, de visualiser une rose. Elle peut être rouge au début, puis devenir rose et enfin jaune. Ce peut être aussi un bouton qui s'ouvre, puis la vision d'une roseraie, puis le souvenir d'un bouquet de roses pour votre anniversaire. Toutes sortes d'associations sont possibles. Une image visuelle précise est bien plus difficile à retenir par l'esprit qu'un son.

C'est pour cette raison qu'il est fréquent, au yoga, de proposer un son comme support de méditation.

Mantra

Un mantra est un son chargé d'une énergie positive. C'est une syllabe, un mot ou un groupe de mots qui visent à amener l'esprit dans un état de concentration. Méditer en s'aidant d'un mantra mène du microcosme de la conscience individuelle au macrocosme de la conscience universelle. Un mantra est une énergie mystique contenue dans une structure sonore. Quand vous utilisez un mantra comme support de méditation, l'énergie du son se manifeste et agit.

Le mot « mantra » vient de la racine sanskrite *man* que l'on peut traduire par « pensée » et du suffixe *tra* qui se rapporte aux instruments. C'est donc un « instrument de pensée ».

Un mantra ne peut pas être taillé sur mesure pour vous. Les mantras ont toujours existé sous une forme latente en tant qu'énergie. Tout comme la gravité a été découverte mais non inventée par Newton, les mantras ont été révélés aux anciens maîtres. Dans les textes védiques, ils ont été codifiés pour être transmis de maître à élève.

Un mantra traduit cesse d'être un mantra parce que ses vibrations sonores sont différentes. Lorsqu'elles sont correctement récitées, les vibrations rythmiques des syllabes sanskrites aident à harmoniser les vibrations souvent instables du mental.

La méditation sur l'énergie d'un mantra amène le mental d'un niveau verbal à un autre, plus subtil et télépathique, et de là à une énergie mentale pure. C'est une manière directe d'approcher l'expérience transcendantale de la méditation. Avec une pratique régulière, l'énergie du mantra agit positivement sur le corps et l'esprit. Vous pouvez répéter mentalement un mantra quand vous faites un travail manuel ou que vous marchez. En répétant un mantra au long de la journée, une énergie positive envahit peu à peu votre vie.

Exercice de méditation sur la syllabe OM (AUM)

OM est le mantra originel. Tous les autres mantras existent dans OM, qui est le plus abstrait, le plus élevé. Il n'existe aucune traduction directe, complète, de OM. C'est la représentation verbale du son transcendantal qui ne peut pas être entendu par vos oreilles physiques. OM est le symbole manifesté de la vibration originelle qui a permis la formation de l'Univers – la version yogique de la théorie du Big Bang, en quelque sorte.

OM est un mantra universel constitué de trois parties : A, U et M. Om est la syllabe-racine dont la vibration AUM est à l'origine de l'Univers.

	A	**U**	**M**
Représente	Le passé	Le présent	Le futur
État	État de veille	État de rêve	État de sommeil profond
Plan	Plan physique	Plan astral/ mental	Plan au-delà de l'esprit/intellect
Son formé	La bouche grande ouverte	La bouche/ les lèvres en forme de rond	Les lèvres fermées
Vibration du son dans	L'abdomen	La poitrine	La tête et les sinus

Psalmodier OM a un effet positif sur le système nerveux. Cela aide à éveiller des pouvoirs physiques et mentaux latents.

1) Asseyez-vous confortablement dans une posture de méditation, de préférence en tailleur. Vérifiez que vous allez pouvoir rester ainsi, sans bouger, tout le temps de la pratique.
2) Amenez les mains en jnana mudra en posant l'extrémité des pouces contre celle des index et placez le dos des mains sur les genoux. Vous pouvez aussi joindre les mains et les poser dans le giron.
3) Relâchez les bras et les épaules, mais gardez le dos bien droit.
4) Décidez du temps que vous allez consacrer à la méditation. Dites-vous que vous allez rester sans bouger et pleinement concentré pendant les X minutes qui viennent.
5) Offrez une prière ou une phrase qui vous inspirent.
6) Fermez les yeux et commencez à psalmodier OM à voix haute. Vérifiez que le son part du bas du ventre pour remonter vers la poitrine puis la gorge et enfin la tête.
7) La bouche grande ouverte, commencez par psalmodier AAH. Sentez les vibrations qui emplissent toute la région du ventre.
8) Tandis que le son monte, votre bouche s'arrondit pour psalmodier OU. Sentez les vibrations qui emplissent toute la région de la poitrine puis de la gorge.
9) Refermez la bouche pour psalmodier un long MMM. Appréciez l'expérience des vibrations dans la tête, en particulier dans les cavités des sinus.
10) Continuez de psalmodier cette forme allongée de OM. Peu à peu, le son devient plus doux et silencieux, jusqu'à le murmurer puis le répéter mentalement dans votre tête.
11) Restez concentré sur OM, en phase avec le souffle. Sur l'inspir, répétez mentalement OM, puis répétez-le à nouveau pour être en phase avec l'expir.
12) Si des pensées surviennent, ramenez votre attention sur le son OM.

Autres méditations sonores

Vous pouvez choisir de pratiquer une méditation qui vous permettra de vous débarrasser de tendances et de tensions négatives. Recevez de la joie. Ressentez la grâce qui envahit l'esprit après sa purification.

Voici quelques suggestions pour vous aider à développer la capacité de rester assis concentré le temps nécessaire pour que votre esprit devienne équilibré, stable et unifié. Lorsque cette concentration est assez intense et assez longue, elle se transforme en état méditatif. Si votre méditation est suffisamment intense, vous parviendrez à un état de conscience cosmique, de félicité divine.

Une pratique stable et sincère est importante. Pratiquez tous les jours.

Lâ-cher

1) Asseyez-vous confortablement dans une posture de méditation, de préférence en tailleur. Utilisez si besoin un coussin. Le dos est droit mais non crispé. Mettez les mains sur les cuisses en jnana mudra ou joignez-les pour les poser dans le giron.
2) Relâchez les bras et les épaules, mais gardez le dos bien droit. La colonne est une antenne qui capte et transmet les fréquences cosmiques.
3) Détendez le visage, les yeux mi-clos.
4) Dites-vous que vous allez rester sans bouger et pleinement concentré pendant les X minutes qui viennent. Essayez de ne pas bouger le moindre muscle car, sinon, le mental se mettra à s'agiter.
5) Offrez une prière ou une phrase qui vous inspirent.
6) Fermez les yeux et prenez conscience du souffle. Ce support de méditation aide le mental à se concentrer, ce qui atténue les pensées parasites.
7) Sur un inspir, entendez votre souffle qui répète LÂ.
8) Sur un expir, dites CHER.
9) Lâchez prise, sans rien attendre. Restez immobile et ouvert à l'expérience.
10) Expirez des tensions et des émotions refoulées. Inspirez de la joie et de l'énergie.

Prière pour se recentrer

Lors d'une prière pour vous recentrer, vous répétez mentalement un mot ou une phrase qui vous inspire particulièrement. Le ou les mots expriment votre intention d'être dans la présence divine. Ils sont généralement choisis lors d'une période de prière où vous cherchez l'inspiration, avec un mot ou une phrase particulièrement adaptés. Par exemple, vous pouvez répéter mentalement la phrase

« Que ta volonté soit faite » ou « Ayez pitié de moi » ou des mots comme seigneur, Jésus, père, mère, amour, paix, shalom, etc.

Une telle prière concentre le mental et imprime l'essence de la phrase dans l'esprit.

Répétez comme pour la méditation sonore avec Lâ-cher en remplaçant ce mot par d'autres que vous aurez choisis.

Les chakras : amener la conscience aux centres énergétiques les plus élevés

Les chakras sont l'interface entre le corps physique et le corps subtil. Chacun des sept vortex tourbillonnants constitue le centre pour la réception, l'assimilation et l'expression d'un certain type d'énergie, chaque chakra étant associé aux qualités d'un « élément » différent.

La méditation sur les chakras est une technique simple, mais puissante, pour aider à trouver un équilibre intérieur dans votre vie. Ce type de méditation est très utile lorsqu'il s'accompagne d'une pratique régulière des asanas, de l'analyse de soi et d'activités positives au cours de la journée.

Exercice de méditation sur les chakras

1) Asseyez-vous confortablement dans une posture de méditation, le dos droit. Faites 8 à 10 respirations pleines et profondes. Laissez ensuite le souffle libre, naturel.
2) Commencez la méditation en portant votre attention sur la base de la colonne, où siège le chakra racine.
3) Tournez le regard vers l'intérieur. Visualisez chacun des sept chakras comme des fleurs qui s'ouvriraient à la lumière du soleil, en remontant peu à peu le long de la colonne. Dans la tradition indienne, les chakras sont représentés comme des fleurs de lotus, mais vous pouvez préférer un autre type de fleur. L'essentiel est de ressentir l'énergie de chaque chakra.

Avec un peu de pratique, l'importance énergétique de chaque chakra deviendra plus claire.

Muladhara : le soutien de la base

Le premier chakra se trouve à la base de la colonne. Méditer sur ce chakra apporte les dons de son élément « terre ». Cela aide à développer une stabilité mentale et une attitude solidement ancrée qui permet d'affronter la vie.

Svadhisthana : siège de la créativité personnelle

Le deuxième chakra se trouve dans la région du bas-ventre, des reins et des organes génitaux. Méditer sur ce chakra stimule la créativité et les pouvoirs de son élément « eau » qui « suit le courant ».

Manipura : la base du pouvoir

Le troisième chakra se trouve au-dessus du nombril dans la région du plexus solaire. Il contrôle les capacités d'adaptation et de transformation qui sont associées à son élément « feu ».

Anahata : le cœur

Le quatrième chakra se trouve dans la région du cœur. C'est le centre énergétique du corps. Méditer sur ce chakra augmente la compassion. Son élément est l'« air ».

Vishuddha : le centre de communication

Le cinquième chakra se trouve dans la gorge. Méditer sur ce chakra développe la capacité de dépasser les limites de son élément « espace ». Les talents de créativité et de communication sont accrus.

Ajna : le siège de la sagesse

Le sixième chakra se trouve entre les sourcils. Méditer sur ce chakra améliore les capacités intellectuelles et intuitives. Le « troisième œil » est associé à l'esprit qui contrôle les sens.

Sahasrara : le « lotus aux mille pétales »

Le septième et dernier chakra se trouve au sommet du crâne. Il est en relation avec l'Infini. Méditer sur ce chakra permet d'aller bien au-delà de tous les éléments et de l'esprit. Il apporte l'éveil, l'illumination (samadhi).

4) À la fin de la méditation, faites un exercice de visualisation pour vérifier que vous n'êtes pas devenu trop vulnérable et ouvert à des influences négatives. Commencez par tourner votre attention à la base de la colonne. Lorsque vous visualisez la fleur du chakra racine, voyez-le en train de refermer ses pétales comme une fleur en fin de journée.
5) Répétez cette visualisation pour chaque chakra.

Tratak : le support des yeux

On doit fixer avec les yeux immobiles et l'esprit très concentré un petit objet jusqu'à ce que les larmes coulent : ceci est appelé par les maîtres tratak. Tratak libère des maladies oculaires et barre la porte à l'indolence : c'est pour cela qu'il doit être tenu secret avec détermination, comme s'il était un coffret plein d'or.

Hatha-Yoga Pradipika, chapitre II, versets 31-32

Tratak est un exercice de purification des yeux qui consiste à fixer le regard sur un point ou un objet particuliers sans cligner des yeux. Ce peut être, par exemple, un point noir sur un mur blanc ou un point blanc sur un fond noir. C'est une pratique de méditation très puissante. Certains yogis fixent leur regard sur le bout de leur nez ou lèvent les yeux vers l'espace entre les sourcils. Cependant, la pratique la plus courante consiste à utiliser une bougie.

Quand vous empêchez les yeux de cligner, ceux-ci se mettent à pleurer, ce qui nettoie les yeux, les conduits lacrymaux et les sinus. Ce type de méditation renforce les yeux et les centres nerveux du front. C'est également un puissant purificateur psychique du « troisième œil » (ajna chakra). Il permet d'atteindre une grande concentration mentale.

Exercice de méditation sur tratak

1) Dans une pièce non éclairée, sombre, posez une bougie allumée devant les yeux, éloignée de la distance d'un bras. Vérifiez l'absence de courant d'air pour que la flamme ne vacille pas. L'idéal est que les yeux et la flamme de la bougie soient sur le même plan horizontal.

2) Asseyez-vous confortablement dans une posture de méditation. La tête et le dos sont bien droits, mais le corps est détendu, sans crispation. Joignez les mains et posez-les dans le giron.

3) Ouvrez grand les yeux et fixez du regard la flamme en essayant de ne pas cligner des yeux. Le visage et les muscles oculaires restent détendus, sans tension. Tenez ainsi 1 minute environ. Les yeux ne doivent pas loucher. Si l'image commence à se dédoubler, c'est le signe que la concentration des yeux diminue.

4) Regardez intensément la flamme. Observez qu'elle renferme plusieurs anneaux de couleurs différentes.

5) Au bout de 1 minute, fermez doucement les yeux. Relâchez les muscles oculaires et visualisez l'image précise de la flamme pendant 1 minute. Voyez-la avec l'œil associé au mental, ou « troisième œil », qui se trouve entre les sourcils.
6) Vous ne vous concentrez pas sur la stimulation physique du nerf optique qui survient dès que l'on regarde une lumière vive. Quand vous pratiquez tratak, vous utilisez l'esprit pour dessiner une image mentale de la flamme, sans oublier ses rayons ni les différentes couleurs. Maintenez cette image mentale dans le « troisième œil » pendant 1 minute environ.
7) Répétez cet exercice, en gardant cette fois-ci les yeux ouverts pendant 3 minutes. Puis fermez-les et visualisez l'image de la flamme pendant encore 3 minutes ou plus, jusqu'à ce qu'elle disparaisse.

Durée : commencez par 1 minute, puis passez à 3. Avec de la pratique, vous augmenterez peu à peu jusqu'à arriver à 5 voire à 10 minutes.

Remarque : les yeux doivent se mettre à pleurer quand vous fixez la flamme du regard.

Un dernier mot de l'auteur

Les lectures sur le yoga et la méditation sont très intéressantes. Presque chaque semaine, de nouveaux livres paraissent sur ce sujet. Cependant, pour tirer vraiment profit du yoga, trois choses sont primordiales : pratiquer, pratiquer et encore pratiquer !

En effet, si vous ne pratiquez pas, vous serez telle une personne qui meurt de faim alors qu'elle se tient près d'une nourriture abondante et qu'elle feuillette des livres de cuisine ! Par une pratique régulière du yoga, vous pourrez modifier votre vie d'une manière très positive.

J'espère de tout cœur que le contenu de cet ouvrage vous aidera à intégrer le yoga dans votre quotidien. Puisse-t-il vous apporter beaucoup de joie, à vous et à toutes les personnes qui seront en contact avec vous. J'aimerais terminer par une ancienne prière sanskrite :

Loka Samastha Sukhino Bhavantu

ce qui signifie : « Puissent tous les peuples du monde être en paix et heureux ! »

Swami Saradananda, 2007

Les termes suivants constituent une sélection des notions qui figurent dans cet ouvrage. Pour de plus amples informations, consultez l'index. Les termes en italique renvoient à une autre entrée dans le glossaire et ceux entre parenthèses correspondent à la translittération en vigueur du sanskrit (si elle diffère) ainsi que, parfois, à une autre graphie.

Ahamkara (ahamkâra) Sentiment, conscience du moi. Égoïsme.

Ahimsa (ahimsâ) Non-violence, non-nuisance à l'égard de tous les êtres, respect de la vie. L'un des principes fondamentaux du yoga (un des cinq *yamas* de *Patanjali*).

Ajna (âjñâ) Nom du sixième *chakra*, situé entre les sourcils, ou « troisième œil ».

Anahata (anâhata) Nom du quatrième *chakra*, situé au niveau du cœur.

Ananda (ânanda) Béatitude, félicité, extase, joie.

Anga Littéralement « membre ». Par extension, division, partie, branche. Le système du yoga de *Patanjali* compte huit angas.

Apana (apâna) Souffle vital, constituant du *prana*, énergie pranique descendante qui contrôle le souffle dans le bas de l'abdomen.

Aparigraha Non-possession, non-acceptation de biens matériels. L'un des principes fondamentaux du yoga (un des cinq *yamas* de *Patanjali*).

Asana (âsana) Posture de yoga, position utilisée pour méditer et/ou contrôler le corps. Le troisième des huit membres du yoga de *Patanjali*.

Ashtanga-yoga (ashtânta-yoga) Littéralement « le yoga aux huit membres ». Autre nom du *raja-yoga* décrit par *Patanjali*.

Asteya Littéralement « qui ne vole pas ». Honnêteté, non-convoitise de la propriété d'autrui pouvant aller jusqu'au refus des avantages ou des cadeaux offerts. L'un des principes fondamentaux du yoga (un des cinq *yamas* de *Patanjali*).

Bandha Littéralement « verrou ». Contraction musculaire visant à retenir l'énergie lors des exercices de *pranayama*.

Bhagavad-Gita (Bhagavad Gîtâ) Littéralement « Chant du Seigneur ». Poème épique sanskrit correspondant à une partie du *Mahabharata*, l'un des grands textes de l'Inde, qui développe les enseignements du yoga.

Bhajan (bhâjan) Chant traditionnel méditatif, dévotionnel.

Bhakhti Dévotion.

Bhakhti-yoga Voie spirituelle (ou yoga) de la dévotion.

Brahmacharya (brahmacarya) Continence, contrôle de l'énergie sexuelle. L'un des principes fondamentaux du yoga (un des cinq *yamas* de *Patanjali*).

Chakra (cakra) Littéralement « roue ». Centre énergétique du corps subtil, astral, situé le long de la *sushumna*.

Chitta (citta) Conscience individuelle conditionnée par la réalité relative, comprenant à la fois le conscient, le subconscient et l'inconscient. Correspond plus ou moins au « mental ».

Devi (devî) Déesse, divinité sous son aspect féminin.

Dharana (dhârana) Concentration. Le sixième des huit membres du yoga de *Patanjali*.

Dharma Terme sanskrit dérivé de la racine dhri qui signifie « porter, supporter ». Enseignement, loi fondamentale de l'Univers régissant les êtres et les phénomènes naturels. Règle religieuse ou morale. Devoir propre de chacun, vertu, droiture.

Dhyana (dhyâna) Méditation. Le septième des huit membres du yoga de *Patanjali*.

Gourou (guru) Enseignant, maître spirituel. Celui qui « apporte la lumière », qui « indique la voie ».

Guna Qualité, tendance, mode d'expression de la nature. Dans la philosophie du yoga, l'équilibre instable des trois gunas (*sattva*, *rajas* et *tamas*) est à l'origine de la création du cosmos.

Hatha-yoga Voie spirituelle (ou yoga) fondée essentiellement sur la maîtrise du corps.

Ida (idâ) *Nadi* (canal) dans le corps subtil qui transporte l'énergie lunaire aboutissant à la narine gauche.

Ishvara-pranidhana (îshvara-pranidhâna) Dévotion au divin, à l'Absolu. Union de l'âme individuelle avec l'Absolu, la conscience cosmique. L'un des principes fondamentaux du yoga (un des cinq *niyamas* de *Patanjali*).

Jiva (jîva) Littéralement « être vivant ». Âme individuelle, moi individuel.

Jnana (jñâna) Sagesse, connaissance.

Jnana-indriya (jñânendriya) Les cinq sens, organes de la connaissance.

Jnana-yoga (jñâna-yoga) Voie spirituelle (ou yoga) de la connaissance.

Karma Littéralement « acte ». La loi des causes et des effets qui détermine les existences ultérieures.

Karma-yoga Voie spirituelle (ou yoga) de l'action juste.

Kirtan (kîrtan) Chant dévotionnel.

Kriya (kriyâ) Pratique de purification.

Kundalini (kundalinî) Énergie primordiale subtile siégeant au repos à la base de la *sushumna nadi* et dont l'éveil purifie l'être tout entier.

Manas Faculté mentale.

Manipura (manipûra) Nom du troisième *chakra* situé, selon les écoles, au niveau du nombril ou du plexus solaire ou entre les deux.

Mantra son (syllabe, mot ou phrase sacrés) utilisé pour la concentration.

Moksha Libération, délivrance. S'applique tout particulièrement à la libération du *karma* par la fin du cycle des réincarnations.

Mouna (muna) Silence, un type de *tapas* (austérité, ascèse).

Mudra (mudrâ) (1) Littéralement « sceau ». (2) Postures de *hatha-yoga* permettant à l'énergie (*prana*) d'être canalisée dans des directions données. (3) Geste spécifique de la main.

Muladhara (mûlâdhâra) Nom du premier *chakra*, situé à la base du sacrum, où siège la *kundalini*.

Nadi (nâdî) Littéralement « canal, vaisseau du corps ». Canal énergétique du corps subtil. Circuit de circulation du *prana* (analogue aux méridiens de l'acupuncture chinoise).

Niyama Discipline personnelle, règles à observer comprenant notamment la purification extérieure et intérieure. Le deuxième des huit membres du yoga de *Patanjali*.

Patanjali (Patañjali) Philosophe indien, auteur des *Yoga-Sutras*.

Pingala (pingalâ) *Nadi* (canal) dans le corps subtil qui transporte l'énergie solaire aboutissant à la narine droite.

Prana (prâna) Souffle vital, énergie vitale, cosmique (analogue au qi chinois et au ki japonais).

Pranayama (prânâyâma) Contrôle du souffle (*prana*) par la maîtrise de la respiration. Le quatrième des huit membres du yoga de *Patanjali*.

Pratyahara (pratyâhâra) Retrait des sens, recueillement intérieur. Le cinquième des huit membres du yoga de *Patanjali*.

Raja-yoga (râja-yoga) Voie spirituelle (ou yoga) royale. Se réfère généralement au système du yoga de *Patanjali*.

Rajas Activité, force de mouvement, passion. L'un des trois *gunas*.

Rajasique La qualité de mouvement, d'action propre à *rajas*.

Sadhana (sâdhanâ) Discipline ou pratique spirituelles.

Sahasrara (sahasrâra) Le lotus aux mille pétales. *Chakra* situé au sommet du crâne, siège de l'accomplissement spirituel et de l'éveil.

Samadhi (samâdhi) État supraconscient d'extase, d'union avec le divin, l'Absolu, la conscience cosmique. Le dernier des huit membres du yoga de *Patanjali*.

Samsara (samsâra) Littéralement « transmigration ». Cycle de naissances, de morts et de renaissances auquel sont soumis les êtres par la loi du *karma* tant qu'ils ne sont pas libérés.

Samskara (samskâra) Impression subtile, impression mentale provenant de vies passées. Tendance acquise lors d'une expérience antérieure. Schéma comportemental.

Sankalpa Souhait, intention pour atteindre un objectif spirituel.

Santosha Contentement. L'un des principes fondamentaux du yoga (un des cinq *niyamas* de *Patanjali*).

Satsang Littéralement compagnie de la Vérité. Association avec des personnes axées sur la spiritualité, des sages.

Sattva Force de pureté et d'équilibre. L'un des trois *gunas*.

Sattvique La qualité de conscience, sans torpeur ni agitation, propre à *sattva*.

Satya Vérité, véracité. L'un des principes fondamentaux du yoga (un des cinq *yamas* de *Patanjali*).

Saucha Pureté. L'un des principes fondamentaux du yoga (un des cinq *niyamas* de *Patanjali*).

Shanti (shânti) Paix.

Sushumna (sushumnâ) *Nadi* (canal) central du corps subtil le long de la colonne vertébrale par lequel s'élève la *kundalini*.

Sutra (soutra ; sûtra) Littéralement « fil ». Aphorisme. Nom générique des traités d'enseignement des six systèmes de pensée philosophique indienne, dont le *yoga*.

Svadisthana (svâdishthâna) Nom du deuxième *chakra*, situé dans la région génitale.

Svadhyaya (svâdhyâya) Étude de Soi, des textes sacrés. L'un des principes fondamentaux du yoga (un des cinq *niyamas* de *Patanjali*).

Tamas Force d'inertie et d'ignorance. L'un des trois *gunas*.

Tamasique La qualité de ce qui est impur, pourri (s'agissant de nourriture), obscur, apathique, propre à *tamas*.

Tapas Austérité, ascèse visant à purifier le corps et l'esprit. L'un des principes fondamentaux du yoga (un des cinq *niyamas* de *Patanjali*).

Upanishad Littéralement « être assis auprès de ». Traités religieux et philosophiques qui exposent les enseignements du *Vedanta*.

Vairagya (vairâgya) Renoncement, détachement, absence de passion.

Veda Littéralement « ce qui a été vu », « connaissance ». Corpus de textes religieux sanskrits révélés aux sages renfermant des hymnes sacrés et des enseignements, dont les *Upanishad*.

Vedanta (Vedânta) Littéralement fin des *Veda*. Un des six grands systèmes philosophiques de l'Inde, fondé essentiellement sur les *Upanishad*, dont l'enseignement vient compléter et parachever les *Veda* afin de parvenir à l'unification de la conscience individuelle à la conscience cosmique.

Vikshepa Distraction du mental.

Vishuddha Nom du cinquième *chakra*, situé au niveau de la gorge.

Viveka Littéralement « discrimination ». Capacité de discerner entre le réel et le non-réel, le permanent et l'impermanent.

Vritti (vrtti) Tourbillon, vague du *chitta*. Modification, agitation mentales.

Yama Observance morale universelle, réfrènements, règles de vie à respecter dans la relation aux autres. Le premier des huit membres du yoga de *Patanjali*.

Yoga Terme sanskrit dérivé de la racine yuj qui signifie atteler et que l'on peut traduire par « jonction », « union ». Le but de cette discipline est d'arriver à l'union spirituelle avec le divin, ou l'Absolu, par le détachement intérieur et la maîtrise de soi. L'un des six systèmes classiques de la philosophie indienne.

Yogi (yogin) Littéralement « celui qui est uni à la divinité ». Adepte du yoga en tant que véritable chemin spirituel.

Yogini (yoginî) Féminin de yogi.

Voici quelques suggestions pour une pratique quotidienne.

Remarque : commencez aujourd'hui !

Pratique de 30 minutes

En travaillant à partir du haut

1) Salutation au Soleil
2) Chandelle
3) Charrue
4) Table à deux pieds
5) Poisson
6) Pince
7) Plan incliné
8) Arc
9) Cobra
10) Torsion simple ou torsion simple une jambe tendue ou demi-torsion
11) Arbre
12) Relaxation finale

En travaillant à partir du bas

1) Salutation au Soleil
2) Triangle
3) Triangle retourné

4) Guerrier 1 et/ou guerrier 2
5) Grenouille
6) Flexion une jambe tendue
7) Poisson
8) Chien museau vers le ciel
9) Chien museau vers le sol
10) Torsion latérale en position couchée
11) Relaxation finale

Pratique de 60 minutes

En travaillant à partir du haut

1) Kapalabhati
2) Respiration alternée par les narines
3) Salutation au Soleil
4) Dauphin
5) Poirier et/ou chandelle
6) Charrue
7) Table à deux pieds
8) Poisson
9) Pince
10) Flexion une jambe tendue ou tortue
11) Cobra
12) Demi-sauterelle
13) Sauterelle
14) Arc ou sauterelle sans appui
15) Papillon
16) Croissant de lune
17) Lion
18) Demi-torsion ou torsion du sage
19) Natrajasana (posture du danseur cosmique)
20) Relaxation finale

En travaillant à partir du bas

1) Kapalabhati
2) Respiration alternée par les narines
3) Pince debout
4) Variantes de la pince debout
5) Salutation à la Lune
6) Chaise
7) Museau de vache
8) Cobra
9) Sauterelle
10) Arc
11) Pont et/ou chameau
12) Corbeau et/ou paon
13) Pince debout
14) Papillon
15) Chandelle
16) Dauphin
17) Poirier ou scorpion
18) Relaxation finale

Remarque : ne dites pas « Je m'y mets demain », car ce « demain » ne vient jamais.

Commencez à pratiquer dès à présent et tenez un journal pour vous aider à suivre cette bonne résolution. Cela ne vous demandera, chaque soir, que quelques minutes. Le modèle de journal ci-après n'est qu'une proposition. Notez vos questions en rapport avec le résultat recherché. Commencez par écrire vos intentions de pratique. Par exemple, faire 60 minutes d'asanas chaque jour ainsi que 15 minutes de pranayama et 20 minutes de méditation sans oublier la décision de boire moins de café ou de thé. Notez-y tout ce qui concerne votre pratique du moment.

Si vous n'êtes pas parvenu à tenir tous vos engagements, consacrez un peu de temps, en fin de semaine, pour en analyser les raisons. Utilisez cet espace afin de noter tout ce que vous pouvez faire, à l'avenir, pour être plus persévérant.

		Lu	Ma	Me	Jeu	Ven	Sa	Di
1	Combien de temps ai-je fait des asanas ?							
2	Combicn ai-jc fait dc salutations au Soleil ?							
3	Combien ai-je fait d'exercices de pranayama ?							
4	Combien de temps ai-je médité ?							
5	Combien ai-je bu de tasses de café/thé ?							
6	Est-ce que j'essaye de penser et de m'exprimer de manière positive ?							
7	Ai-je été honnête ?							
8	Cette semaine, je me consacre aux asanas suivantes : Combien de temps ai-je passé à les améliorer ?							
9								
10								
11								
12								
13								
14								
15								

Trouver une école de yoga

Il existe de nombreuses formes de yoga. Certaines sont plus dynamiques, d'autres plus statiques. Certaines mettent en avant le bon alignement du corps, tandis que d'autres consacrent plus de temps à la relaxation ou à la coordination du souffle avec le mouvement.

Bien des formes de yoga ont en commun un même lignage. Les fondateurs des trois principales écoles (Astanga yoga, Iyengar yoga et Viniyoga) étaient tous des élèves de Krishnamacharya, le grand yogi qui enseignait à Mysore en Inde. Trois autres formes (yoga intégral, Satyananda yoga et Sivananda yoga) ont été créées par des disciples du célèbre gourou Swami Sivananda. La liste qui suit ne se veut pas une recommandation de telle forme plutôt que telle autre. Chaque école ayant ses spécificités, tout est question de préférence personnelle. Avant de vous engager, vous avez intérêt à demander au professeur auprès de quelle école il a appris le yoga et quelle est son expérience.

Anusara yoga

Anusara (a-nu-sar-a) est un terme sanskrit qui signifie le fait de suivre la volonté divine. Développée par l'Américain John Friend, cette forme moderne de yoga part de l'hypothèse que le divin, l'amour universel est présent en chacun d'entre nous. Ce yoga est axé sur le cœur, la recherche spirituelle, tout en étant ancré dans une profonde connaissance de l'alignement intérieur et extérieur du corps.

Ashtanga Vinyasa yoga

Il s'agit d'un yoga particulièrement physique, fondé sur le système enseigné par Shri K. Pattabhi Jois de Mysore en Inde, un homme de plus de quatre-vingts ans. Les participants enchaînent à un rythme soutenu des postures qui découlent les unes des autres, ce qui renforce et assouplit le corps tout en lui donnant une grande résistance.

Bikram yoga

Ce yoga très dynamique a été créé par Bikram Choudhoury, le « professeur de yoga des stars » dans son Beverly Hills Yoga College en Inde. Les cours ont lieu dans une salle chauffée à au moins 40 degrés (pour relâcher plus rapidement les muscles, les fascias et les ligaments), face à un miroir. Il faut enchaîner 26 postures, deux fois de suite, en 90 minutes. Ce yoga pour le moins athlétique est conçu pour apporter au corps un maximum de santé et de forme.

Hatha-yoga

Le hatha-yoga est un terme général qui s'applique à de nombreuses formes physiques de yoga. Si un professeur dit qu'il enseigne le « hatha » yoga, cela signifie généralement qu'il a appris différentes techniques de posture et de respiration issues de plus d'une école et qu'il n'adhère à aucune en particulier.

Jivamukti yoga

Cette méthode, créée par David Life et Sharon Gannon, repose sur une pratique qui stimule à la fois le corps et l'intellect. Le but est de parvenir à une conscience spirituelle. Les cours sont drôles et inspirants. On y met l'accent sur la période de l'année et un accompagnement musical.

Kriya yoga

Cette forme de yoga a été introduite en Occident par Paramahansa Yogananada, l'auteur du célèbre livre *Autobiographie d'un yogi*. C'est une expérience relativement douce, tournée vers l'intérieur, et non une pratique athlétique.

Kundalini yoga

Fondé sur les enseignements du yogi Bhajan, un maître sikh, les techniques de ce yoga mettent l'accent sur la libération contrôlée de l'énergie kundalini par des postures classiques, mais très dynamiques, la coordination du souffle et du mouvement, et de la méditation.

Power yoga

Les professeurs de « power yoga » proposent généralement une version modifiée d'Ashtanga Vinyasa yoga.

Satyananda yoga

Cette forme de l'école de yoga de Bihar, en Inde, repose sur les enseignements de Swami Satyananda Saraswati. Les professeurs enseignent les asanas, le pranayama et la relaxation (yoga nidra) ainsi que le chant et la méditation. Les cours sont modérément physiques à doux. Cette école a publié d'excellents livres sur le yoga.

Shadow yoga

Cette forme de yoga, créée par Shandor Remete, un Hongrois vivant en Australie, met l'accent sur les bandhas (des contractions pour retenir le prana) et le rééquilibrage énergétique. Chaque séance débute par une série de « préludes », des séquences rythmiques et dynamiques qui combinent la posture du guerrier et la salutation au Soleil afin de préparer à quatre niveaux d'asanas et d'exercices de pranayama.

Sivananda yoga

Cette forme de yoga, modérément intense, se compose surtout d'asanas, de pranayama et de relaxation. Les cours reposent sur une succession préétablie de postures classiques. L'accent est mis sur une alimentation adaptée, un mode de vie yogique et la méditation. Cette école de yoga, qui est l'une des plus importantes au monde, a été fondée en Occident par Swami Vishnu-devananda, le disciple de Swami Sivananda, d'où son nom. Vishnu-devananda a écrit en 1960 un classique qui constitue l'une des meilleures introductions au yoga : *The Complete Illustrated Book of Yoga*, non traduit en français.

Viniyoga

Le Viniyoga est une forme de yoga qui s'adapte aux potentialités de chaque pratiquant. Ce yoga a été développé à Madras par T.K.V. Desikachar à partir des enseignements du célèbre yogi Shri

T. Krishnamacharya. Les cours reposent sur des postures dynamiques effectuées sans jamais forcer et en s'aidant du souffle. Certains professeurs proposent aussi de la méditation et du chant pendant les postures. On parle plutôt désormais, à la demande de T.K.V. Desikachar, d'école de Madras pour la différencier des professeurs qui utilisent, à tort, le terme Viniyoga.

Yoga intégral

Ce style de yoga repose sur les enseignements de Swami Satchidananda, l'homme qui a fait psalmodier « OM » à la foule qui assistait au festival de Woodstock. Le but est d'harmoniser, en douceur, le corps, l'esprit et l'âme grâce à une combinaison d'asanas, d'exercices de pranayama et de méditation. Le yoga intégral a été utilisé par le Dr Dean Ornish pour prouver que l'on pouvait ainsi améliorer un problème cardiaque.

Yoga Iyengar

B.K.S. Iyengar a développé pendant plusieurs années une approche personnelle du yoga. Il a écrit de nombreux livres sur les postures, la respiration et la philosophie du yoga. Son système met l'accent sur le bon alignement des différentes parties du corps dans l'espace, en particulier de la colonne vertébrale. Afin de parvenir à ce résultat, on se sert de nombreux accessoires (sangles, couvertures, chaises, etc.) pour proposer des séquences de postures et les adapter. Les cours sont modérément difficiles et se terminent le plus souvent par de la relaxation.

Quelques adresses Internet pour trouver un professeur de yoga

www.ify.fr
le site de l'Institut français de yoga

www.yoga-paris.com
le site de la Fédération française de yoga

www.ff-hatha-yoga.com
le site de la Fédération française de hatha-yoga

www.federation-de-yoga.fr
le site de la Fédération française des écoles de yoga

www.lemondeduyoga.org/htm/fney
le site de la Fédération nationale des enseignants de yoga

www.fidhy.fr
le site de la Fédération inter-enseignements de hatha-yoga

www.kundalini.fr
le site de la Fédération française de kundalini yoga

www.yoga-iyengar.asso.fr
le site de l'Association française de yoga Iyengar

www.yoganet.fr
le portail francophone du yoga

Textes classiques

La Bhagavad-Gîtâ, trad. du sanskrit par Guy Deleury, collection « La Salamandre », Imprimerie nationale, 1992

La Bhagavad Gîtâ, trad. d'Anne-Marie Esnoul et Olivier Lacombe, collection « Point-Sagesses », Seuil, 1997

La Bhagavad-Gîtâ, trad. du sanskrit par Alain Porte, Arléa, 2001

La Bhagavad-Gîtâ, Shrî Aurobindo, trad. du sanskrit par Camille Rao et Jean Herbert, collection « Spiritualités vivantes poche », Albin Michel, 2007

La Bhagavad-Gîtâ, trad. du sanskrit par Émile Sénart, collection « Classique en poche bilingue », Belles Lettres, 2004

Le Mahabharata, adaptation de Jean-Claude Carrière, Pocket, 2001

Patanjali et les Yogas Sûtras, Jean Bouchart d'Orval, collection « Le Relié poche », Du Relié Eds, 2005

Upanishad, trad. du sanskrit par Louis Renou, Libraire d'Amérique et d'Orient, 1943 (20 volumes en cours de réimpression), éditions Maisonneuve

Les Yoga-sutras de Patanjali, trad. française de Guylaine Klaus-Corsini d'après la traduction anglaise de Saugata Bhaduri, Alphée-Jean-Paul Bertrand, 2008

Yoga-Sutras, Patanjali, sous la direction de Françoise Mazet, collection « Spiritualités vivantes poche », Albin Michel, 1991

Livres contemporains

Contes et légendes des sages dans « Lumière sur le yoga », Sandhya Corine Biria, Association française de yoga Iyengar (15, rue Mesnil, 75116 Paris), 2001

L'Arbre du yoga, B.K.S. Iyengar, trad. par Nada Rougier, Buchet Chastel, 2004

L'Art de la méditation, Matthieu Ricard, NiL Éditions, 2008

Le Yoga, Pierre Feuga et Tara Michaël, collection Que sais-je ?, PUF, 2003

Le Yoga bien compris, Jacqueline Augustin-Lambert, Françoise Blévot et Benjamin Lambert, éditions Librécrit, 2005

Lumière sur le yoga, B.K.S. Iyengar, trad. par G. Berlanda et P. Lecomte, Buchet Chastel, 2007

Pratiquer la méditation, Naomi Ozaniec, trad. par Marie-Noëlle Pichard, Larousse poche, 2009

Yoga mala, Sri K. Pattabhi Jois, trad. par Myriam Blonsard, édition Dangles, 2006

Il existe également d'excellents CD sur le yoga. Demandez conseil à votre disquaire.

Q

R

S

T

U

V

Y

Dépôt légal : octobre 2009
Imprimé en Italie par Rotolito Lombarda, Pioltello
302571/02-11015520 avril 2011